PAUL DE KOCK

LES

FEMMES, LE JEU, LE VIN

ÉDITION ILLUSTRÉE DE VIGNETTES SUR BOIS

Gravées par **TRICHON** sur les dessins de **LIX**

PRIX : 70 CENTIMES

PARIS

LIBRAIRIE CHARLIEU FRÈRES ET HUILLERY, RUE GIT-LE-CŒUR, 10

HUILLERY SUCCESSEUR

LAURETTE DUFILET.

LES FEMMES, LE JEU ET LE VIN

PAR CH. PAUL DE KOCK

I

VOISIN ET VOISINE

— Dites donc, voisine, Anita danse-t-elle ce soir?

— Anita, oui, voisin, elle danse dans le ballet du dixième tableau, et puis encore dans le seizième.

— Combien donc a-t-elle de tableaux votre nouvelle pièce?

— Ma foi, je crois qu'elle en a vingt-cinq ou vingt-six.

— Vous n'en êtes pas sûre ?

— Non, parce que n'étant pas de la fin, cela m'est égal. Je m'en vais après le seizième tableau.

— On doit finir bien tard alors?

— Oh ! cela ne finit jamais le même jour que cela commence. A présent, chez nous, si le spectacle ne passe point minuit, on n'est pas content.

— Oui, le public devient gourmand, il ne tient pas toujours à la qualité, mais il veut la quantité.

— Alors vous viendrez ce soir au théâtre, sans doute?

— Je tâcherai, si je peux m'échapper de chez mon oncle, chez lequel je dîne.

— Ah ! vous allez dîner en famille !... C'est cela qui est amusant.

— Ne m'en parlez pas ! Avec cela que mon oncle me gronde toujours !...

— Dame ! il a peut-être raison ! Vous êtes très-mauvais sujet, à ce qu'on dit !

— A ce qu'on dit !... Qui est-ce qui dit cela ?

— Tout le monde à peu près.

— Tout le monde a tort !

— Ah ! monsieur Félix, vous avez une bien mauvaise réputation ..

— Si je suis comme *Figaro !* si je vaux mieux que ma réputation ?

— On assure que vous aimez le vin, le jeu et les femmes !

— D'abord, ma petite voisine, moi, je mettrais les femmes en premier ; il me semble qu'elles doivent passer avant tout ! Ensuite, est-ce donc un tort de les aimer ? Quelle opinion auriez-vous d'un homme qui ne les aimerait pas ?... Hein ! vous diriez : « C'est un bien vilain monsieur ! »

— Soit ! je vous pardonne ce défaut-là...

— Dites donc que vous m'en faites compliment, ce sera plus juste.

— Mais il ne faut rien pousser à l'extrême, et quand on aime toutes les femmes, c'est comme si on n'en aimait aucune !...

— Vous croyez ? Vous êtes dans le faux. C'est absolument comme si vous me disiez que je n'aime pas le vin, parce que je les aime tous... quand ils sont bons !... et toutes les femmes, quand elles sont jolies !

— Alors vous n'êtes jamais fidèle à votre maîtresse ?

— Le moins possible !

— Fi, monsieur, c'est affreux ce que vous dites là !

— Ce que je dis là, les trois quarts des hommes le pensent, seulement ils ne le disent pas ; ce sont des hypocrites, et moi je suis franc. Mais il est vrai que dans le monde il ne faut pas l'être. C'est plutôt un défaut qu'une qualité.

— Je défendrai à mon Alexandre de vous fréquenter, vous me le gâteriez...

— Ah ! ah ! ah ! elle est bonne celle-là ! D'abord votre Alexandre ne peut pas être gâté !... il n'a plus cela à craindre !

— Qu'entendez-vous par là, monsieur ?

— J'entends que c'est un vieux roué qui en a fait cent fois pis que moi !...

— Pourquoi l'appelez-vous *vieux* roué... il est encore très-jeune !

— Très-jeune !... Il doit bien avoir ses trente-neuf ans... au moins.

— Non, monsieur, il n'en a que trente-cinq.

— Soit, il n'aura que vingt-cinq ans, si vous voulez... ça m'est parfaitement égal.

— Vous avez l'air aussi âgé que lui...

— Moi... merci... je n'aurai vingt-trois ans que dans six mois.

— Cela ne fait rien, Alexandre est plus frais que vous !

— Ah ! ah ! ah ! voisine, vous êtes amusante, ce matin !... parole d'honneur. Vous avez bien dit cela... C'est singulier, au théâtre, vous n'êtes pas aussi naturelle... Pourquoi donc cela ?

— Monsieur Félix, vous m'ennuyez... Ne m'impatientez pas, parce que je dirais au régisseur de ne plus vous laisser dans les coulisses... D'abord je ne sais pas pourquoi on vous y tolère, car vous n'avez pas vos entrées ; — vous n'êtes ni auteur, ni journaliste, ni décorateur, ni compositeur !...

— C'est vrai, voisine, je ne suis même pas souffleur. C'est pourtant un emploi que j'aimerais assez à remplir quelquefois... On doit être si bien dans ce trou pour voir les jambes, et même les jarretières de ces dames !...

— Eh bien, faites-vous souffleur, ce sera plus drôle...

— Oh ! Dieu ! que dirait mon oncle, s'il savait que j'ai de telles pensées !

— Il vous déshériterait, et il ferait bien.

— D'abord, comme mon oncle a trois fils et une fille, je n'ai pas le moindre chose à prétendre à sa succession !... Je ne crains donc pas d'être déshérité.

— Alors pourquoi avez-vous si peur de le fâcher ?

— Mais parce que c'est mon oncle... le seul protecteur qui me reste, car j'ai eu le malheur de perdre mon père et ma mère lorsque j'étais encore enfant. Mon oncle a pris soin de mon éducation, m'a fait apprendre le commerce ; je lui dois donc de la reconnaissance.

— Est-il riche cet oncle-là ?

— Je crois bien, près d'un million de fortune !

— Fichtre !... vous devriez l'amener un peu sur le théâtre !

— Vous ne trouveriez pas mauvais qu'il vînt dans les coulisses, lui !

— Allons, mon petit Felix, ne soyez pas fâché. Vous savez bien que j'ai dit cela pour rire.

— Oh ! je ne suis pas fâché, Hermance, car je sais que vous n'êtes pas méchante... Vous avez pris feu pour votre Alexandre... Cela fait votre éloge ; vous défendez votre amant, lorsque la plupart de ces dames se moquent des leurs. Vous valez donc mieux qu'elles... Mais quant à mon oncle, oh ! il n'y a pas de danger qu'il aille sur la scène. C'est un homme très-sévère, il ne rit jamais... et s'il savait que moi, son neveu, je fréquente les coulisses... il serait capable de me défendre d'aller chez lui.

— Ah ! mon Dieu, quel ours !... ses fils ne doivent pas beaucoup prendre de plaisir alors ?

— Ses fils ? il les élève très-sévèrement, leur défend le bal, les cafés, ne leur permet le spectacle que fort rarement !... Aussi ce sont des jeunes gens d'une sagesse !... enfin des jeunes gens comme on en voit peu.

— Pas dans votre genre alors !

— Non, j'avoue que je me trouverais fort à plaindre s'il me fallait vivre comme eux !...

— Ils demeurent avec leur père, sans doute.

— Oh ! oui, sous le même toit. Il ne faut pas qu'ils manquent d'une minute à l'heure du déjeuner, ni à celle du dîner, sans quoi ils seraient fortement grondés ! Aussi, malgré la fortune qui les attend, je vous jure que je n'envie pas leur sort.

— Et la demoiselle ?

— Ma cousine, elle est bien gentille, bien douce ; mais c'est une enfant... pas encore quinze ans. Pour elle, cependant, mon oncle se départ un peu de sa sévérité : il la conduit quelquefois au spectacle. Mais Emma n'abuse pas de son empire, et elle est devant son père aussi craintive que ses frères.

— Ah ! mon Dieu, voisin, quelle heure est-il donc ? J'ai répétition ce matin, et je n'y pensais plus.

— Attendez, je vais vous dire cela... Onze heure et cinq minutes.

— Onze heures !... Ah ! la répétition qui est pour le quart, et je ne suis pas habillée !... Je serai à l'amende ! C'est la faute d'Alexandre, qui me promet une montre depuis trois semaines et qui ne me l'a pas encore donnée !...

— Prenez garde, ma voisine, si le mois s'écoule sans que votre amant tienne sa promesse, il est bien probable que vous ne verrez jamais l'heure dans cette montre-là !...

Mais déjà la voisine avait quitté sa fenêtre, et le voisin en avait fait alors autant.

La conversation que nous venons d'entendre se tenait dans une maison de la rue Mazagran, à un cinquième étage, entre deux locataires qui occupaient : l'une un logement sur le devant, l'autre une petite chambre sur la cour ; mais cette cour était si petite, que les voisins pouvaient facilement causer entre eux, et même sans élever la voix.

Ainsi que vous avez pu le voir, la voisine était une jeune artiste dramatique qui, avant d'entrer à l'Opéra ou aux Français, avait jugé nécessaire de s'engager d'abord au théâtre des Délassements-Comiques, boulevard du Temple. Je crois inutile d'ajouter qu'alors ce petit spectacle n'était point encore démoli, et que ce pauvre boulevard du Temple brillait de tout son éclat, avec tous ses théâtres et ses marchandes d'oranges, ses cordons de gaz et ses vendeurs de contre-marques. La voisine occupait l'appartement situé sur le devant ; mais lorsqu'elle se mettait à la fenêtre de la salle à manger, elle voyait parfaitement chez son jeune voisin, dont la croisée se trouvait en face de la sienne, croisée qui était presque constamment ouverte, le locataire voulant donner de l'air à sa chambre.

Le voisin était Félix Albrun, fort joli garçon, pourvu d'une paire d'yeux noirs qui brillaient comme des escarboucles à l'aspect d'une jolie femme; ayant avec cela une taille avantageuse, une jolie tournure et un grand fonds de gaietè. L'entretien que vous venez d'entendre vous a déjà appris que ce jeune homme est dans le commerce, mais qu'il a la réputation d'être un fort mauvais sujet, enfin d'avoir ces trois grands défauts que l'on a la sottise de nommer: le vin, le jeu et les femmes. La suite nous apprendra si Félix Albrun méritait sa réputation.

Les artistes font facilement connaissance; mademoiselle Hermance avait bientôt causé avec son jeune voisin, qu'elle avait reconnu pour l'avoir vu quelquefois flâner dans les coulisses de son théâtre. Puis le bel Alexandre, l'amant de cette demoiselle, en fumant un jour son cigare à la fenêtre de la salle à manger, avait aussi reconnu Felix pour avoir souvent causé avec lui au café du Cirque. Alors les voisins étaient devenus très-amis, et, chose bien remarquable et bien rare! Félix ne pensait point à faire la cour à la maîtresse de son ami qui, de son côté, ne cherchait nullement à faire sa conquête.

Cette particularité méritait d'être citée, comme une exception à la règle commune.

— Certainement qu'elle sera à l'amende! se dit Félix en visitant sa commode pour y chercher un faux col blanc. Elle est toujours fort longtemps à sa toilette. Je gagerais qu'elle ne sera pas à son théâtre avant midi... Tant pis pour Alexandre, car c'est lui qui payera l'amende... Eh bien... pas de faux cols... Comment... est-ce que je n'aurais plus un faux col de blanc... Il m'en faut un pourtant pour aller dîner chez mon oncle... Si je n'étais pas tiré à quatre épingles, il me dirait: « On voit bien que tu ne te mets pas en frais de toilette pour venir dîner chez moi; tu penses que tu seras toujours assez bien. » Il est caustique, mon cher oncle, quand il s'y met!... Ah! victoire!... en voilà un... C'est ma foi le dernier... Ah! sapristi!... il manque un cordon!... C'est jouer de malheur... Je ne peux pas me l'attacher rien qu'avec un cordon... Comment faire?...

Félix retourne à sa fenêtre, avec son faux col à sa main, et se met à crier:

— Ma voisine! est-ce que vous ne pourriez pas me coudre un cordon à un faux col... Je n'ai que celui-là de blanc! Ohé, voisine! Sapristi, elle sera retournée dans sa pièce sur le devant... elle ne m'entend plus... Je n'ai qu'un parti à prendre, descendre chez ma concierge, la respectable madame Rabottot. Je ne suis pas très-bien dans ses papiers, parce que je rentre toujours fort tard et que je ne lui graisse pas souvent la patte. Je ne sais même pas si je la lui ai jamais graissée... Mais cette fois je vais me fendre de cinquante centimes, et elle est capable de danser sur la corde si je l'en prie.

II

LE FRÈRE ET LA SŒUR

Le jeune homme court ouvrir la porte de son carré; mais quand il va pour sortir, il se trouve en face d'un gros garçon de vingt-quatre ans, d'une taille au-dessous de la moyenne, mais fort, musculeux, et dont les mains sont de véritables battoirs. De plus, porteur d'une figure qui ne serait pas désagréable, si elle n'était pas le type de la bêtise; mais pour les personnes qui ne tiennent pas à l'expression de la physionomie, cet individu pouvait être classé parmi les beaux garçons, car il avait de gros yeux à fleur de tête, de belles dents, une bouche bien fraîche et de belles couleurs qui annonçaient la force et la santé.

En apercevant Félix, le gros garçon s'écrie:

— Ah! quel bonheur! il y est!... C'est que la portière m'avait dit: « Ah! ma foi, je ne sais pas s'il y est!... M. Albrun ne fait que sortir et rentrer cent fois dans la journée!... On ne peut pas toujours le suivre des yeux... Montez-y voir... Mais je suis bien content, parce que je vois bien que vous y êtes...

— Eh! oui, j'y suis!... Mais que me veux-tu, Dufilet; qu'est-ce qui t'amène chez moi... Par quel hasard as-tu quitté ta boutique... Est-ce que tu n'es plus boucher... c'est-à-dire garçon boucher...

— Si fait, si fait, ah! oui; mais pas pour longtemps encore.

— Est-ce que ton maître boucher n'est plus content de toi?

— Oh! très-content au contraire!... J'ai écorché deux moutons la semaine dernière, et si je vais toujours bien, on m'a promis de me faire tuer la semaine prochaine.

— Ah! on te fera tuer!

— Oui, un veau ou un bœuf!

— Pauvres bêtes! Je n'aimerais pas ton état, Dufilet!... et pourtant j'avoue que j'aime les côtelettes! Enfin dis-moi donc ce qui t'amène, et en toilette, car, Dieu me pardonne, tu es en noir et tu as une cravate blanche!...

— Je crois bien que je suis en noir! Si j'avais pu me faire plus beau, je me serais fait plus beau, mais je n'ai pas pu!... C'est égal, c'est fièrement heureux que vous y soyez: votre portière me disait: « Il est bien possible qu'il n'y soit pas, parce que... »

— Assez! assez! est-ce que tu veux recommencer ce que tu m'as déjà dit? Voyons, que me veux-tu?

— Voilà ce que c'est... mon cher frère, car je suis votre frère de lait, vous le savez. Nous avons teté au même sein, celui de la mère Michaud à Meudon... Elle avait de bien bon lait, la mère Michaud!

— Il est certain qu'elle a eu en toi un bel élève; tu dois être fort comme Samson!

— Quel Samson... je ne connais pas.

— Ça ne fait rien. Moi, je ne suis pas de ta force, il s'en faut. Mais enfin je me porte bien, c'est le principal. Ainsi tu es mon frère de lait, c'est une chose reconnue; et, de plus, comme tu es un brave et honnête garçon, j'ai toujours du plaisir à te voir, et je te tutoie comme lorsque nous étions petits... Pourquoi n'en fais-tu pas autant?

— Ah! par exemple... non pas!... Je sais trop le respect... et ce que je vous dois...

— Laisse là ton respect et apprends-moi enfin ce que tu me veux...

— C'est égal, j'aurais été fièrement attrapé tout de même si je ne vous avais pas trouvé!...

— Dufilet, si tu n'en finis pas, je te préviens que je vais sortir.

— Eh bien! mon frère de lait, je viens vous prier de me rendre un grand service!

— Un service, volontiers, pourvu qu'il ne s'agisse pas d'argent cependant, car j'en suis rarement pourvu, et dans ce moment les eaux sont très-basses.

— Non! Oh! il ne s'agit pas d'argent! Vous savez que je me marie aujourd'hui?

— Tu te maries aujourd'hui! Mais non, je ne le sais pas; en voilà la première nouvelle!

— Comment, vous n'avez pas reçu la lettre de faire part?

— Je n'ai rien reçu du tout.

— Voilà qui est fort. J'ai mis moi-même toutes les lettres à la poste; la vôtre y était, j'en suis sûr!

— Combien y a-t-il de temps de cela?

— Il y a déjà six jours que vous auriez dû la recevoir.

— Il y a là-dessous quelque espièglerie de ma portière. Nous éclaircirons cela tout à l'heure en descendant. Enfin tu te maries aujourd'hui, c'est fort bien, et tu m'avais peut-être invité au repas de noces!

— Pardi, je crois bien! mon frère de lait! est-ce que vous n'y viendrez pas?

— Maudite portière... si j'avais su cela... mais je dîne chez mon oncle aujourd'hui, un grand repas de cérémonie, j'ignore à quelle occasion, mais il m'est impossible d'y manquer...

— Ah! quel guignon... d'autant plus que nous ferons un repas superbe dans le soigné... au lac du parc Saint-Fargeau, à Belleville, vu que j'épouse une demoiselle de Belleville...

— Est-elle jolie, ta femme?

— Je crois bien... encore plus jolie en femme que moi en homme... Ainsi jugez quel couple nous ferons!

— En effet, ce sera admirable... Et tu venais me chercher pour que j'aille donner la main à la mariée...

— Ah! c'est pour autre chose encore! Figurez-vous que

j'avais pour garçon d'honneur, d'abord Merluchet qui est le frère de ma femme, ensuite M. Grandcerf, c'est un ami du beau-père; moi, je ne tenais pas beaucoup à avoir ce monsieur pour garçon d'honneur, d'autant plus qu'il est boiteux, et en conduisant ma femme par la main, il l'aurait certainement fait aller de travers; mais le beau-père avait dit : « Je veux que Grandcerf soit garçon d'honneur! » Je ne pouvais pas refuser. Mais ce matin, comme je finissais de m'habiller, voilà que le beau-père me fait dire que son ami Grandcerf a un clou qui ne veut pas percer, et que ça le gêne tellement pour marcher, qu'il ne pourra pas venir à la mairie ; que par conséquent j'aie à me pourvoir tout de suite d'un autre garçon d'honneur. Aussitôt, moi, j'ai pensé à vous, et je viens vous prier de me faire cet honneur-là.

— Je le veux bien, mon ami, oh! de grand cœur!

— Vous acceptez... Ah! que vous êtes bien mon frère de lait!...

— Oui, j'accepte; mais voyons, où vous mariez-vous?

— A Belleville.

— Ah! diable, c'est à la mairie de Belleville qu'il faut se trouver alors.

— Oui, c'est pour une heure...

— Fort bien, il faut que je passe à ma maison de commerce, mais j'ai le temps. Je serai à une heure à la mairie de Belleville.

— Et vous remplacerez M. Grandcerf... quel bonheur... et vous ne boitez pas, vous!

— Non, et entre nous, mon cher Dufilet, c'eût été d'un mauvais présage d'avoir un Grandcerf à ta noce.

— Ah! ah!... ah! oui, je comprends... Oh! elle est bonne la plaisanterie... un Grandcerf! C'est à cause des cornes!

— Naturellement.

— Oh! mais j'ai une femme qui ne badine pas... Avant-hier, en riant, j'ai voulu la pincer quelque part... vous savez... histoire de faire connaissance; mais elle m'a tout de suite flanqué une gifle qui aurait tué un mouton!... Je me suis dit : Si elle reçoit comme ça les galants, je puis être tranquille!

— Comment se nomme ta femme?

— Laurette, Laurette Merluchet; son père est maître maçon : Merluchet Dufilet!... ça rime, nous devions nous épouser!

— Si on mariait ensemble tous les noms qui riment, cela irait trop loin. Voyons, il faut que je me mette aussi en toilette, moi. Je serai tout prêt pour aller dîner chez mon oncle...

— Dites donc, monsieur Félix, me trouvez-vous bien ainsi... C'est un habit tout neuf et le pantalon *idem*... Ça me va-t-il bien?...

— Voyons... tourne-toi... Oui, pas mal; cependant ton habit a l'air de te gêner un peu des entournures.

— Oui, sous les bras, mais le tailleur m'a assuré que cela se ferait.

— Mais il te manque quelque chose... Tu as d'affreux souliers, tu ne peux pas rester chaussé comme cela.

— Oh! je le sais bien. Mais je vais m'en acheter tout de suite en m'en retournant. Je veux être chaussé comme un danseur, d'autant plus que Laurette m'a dit : « Je ne vous épouse point, si vous n'avez pas des souliers vernis. »

— Ah! ta future t'a dit cela! Alors, mon ami, cours vite t'acheter des souliers. Tu n'as pas de temps à perdre, il est onze heures vingt minutes.

— Ah! c'est vrai... au revoir, mon frère!

— Je descends avec toi, il faut que j'aie une explication avec ma portière au sujet de ta lettre.

Les frères de lait descendent les cinq étages et arrivent devant la loge de madame Rabottot. La portière est une petite femme sèche et ridée comme un vieux parchemin; quand elle daigne être aimable, elle montre trois dents, une en haut, et deux en bas, qui ont l'air de vouloir vous mordre.

Félix ouvre la loge. Madame Rabottot était en train de chercher les puces à son chien; elle n'interrompt point cette intéressante occupation.

— Madame, dit Félix, comment se fait-il que je n'aie pas reçu une lettre que monsieur m'a adressée il y a six jours, et qu'il a mise lui-même à la poste?

— Ah! ben, en vlà une de question, est-ce que vous croyez que je les mange, vos lettres...

— Non, mais vous pouvez oublier de me les donner, et puis les perdre.

— Je ne perds jamais rien... Veux-tu te tenir tranquille, polisson. Où attrapes-tu tout ça! vieux loulou!...

— Cette lettre-là ne pouvait pas se perdre, dit Dufilet, car elle était très-grosse et très-longue!

— Ah! c'était donc une *circoculaire!* alors c'est différent. Quand monsieur en reçoit, il les rejette tout de suite par terre, en disant : « Je n'ai pas besoin de tout ça!... ils m'ennuient avec *leurs* imprimés! » Alors, monsieur, présumant que c'était encore une *circoculaire,* j'ai pu m'en servir pour allumer mon fourneau. Je me suis dit : « C'est pas la peine de la donner à monsieur!... »

— C'était une lettre de mariage et une invitation pour le repas de ma noce que vous avez brûlée alors!

— Ah! j'en suis fâchée... mais pourquoi que monsieur jette toujours ses *circoculaires* dans ma loge...

— Madame, à l'avenir, songez à me donner toutes les lettres qui viendront à mon adresse, sinon, je me plaindrai au propriétaire!

— C'est bon, c'est bon! faut-il pas tant crier pour une lettre de noces... Mais tiens-toi donc tranquille, Zozor!

— Ah! quelle mauvaise gale de femme! Décidément elle n'aura jamais un sou de moi, s'écrie Félix. Et j'aime mieux aller m'acheter un col neuf que de lui demander de me coudre un cordon. Au revoir Dufilet, à une heure à la mairie de Belleville, je serai exact.

— J'y compte, mon frère de lait; moi, je vais bien vite m'acheter des souliers vernis.

III

LES SOULIERS DU MARIÉ

Félix a terminé sa toilette, sauf le faux col, qu'il ne met que chez la lingère où il en fait l'acquisition. Il court chez son négociant, mais on est à une époque de l'année où le commerce de mousselines et de toiles peintes se repose; le jeune homme, qui n'est pas commis à demeure, mais seulement chargé des opérations qui se font chez les clients, est bien vite libre pour la journée, et monte dans l'omnibus qui le conduit à Belleville.

Il est bon de vous dire que ceci se passe deux ans avant que Paris ait reculé ses barrières; par conséquent Belleville ne faisait pas encore partie de la capitale.

Une heure sonnait comme Félix entrait à la mairie.

— On ne se plaindra pas de mon manque d'exactitude! se dit-il en se faisant enseigner la salle des mariages.

Dans cette grande salle il y avait beaucoup de monde, car le même jour cinq mariages devaient s'y contracter. De tous côtés on n'aperçoit que des hommes et des dames en toilette; à la vérité, toutes ces toilettes-là ne sont pas du meilleur goût, mais chacun fait ce qu'il peut. Le principal, c'est que presque toutes les figures sont réjouies et annoncent une intention bien formelle de se divertir; il y a même quelques invités qui paraissent s'y être pris d'avance et dont la physionomie enluminée et la gaieté excentrique prouvent qu'ils ont voulu se mettre en train de bonne heure.

Les mariées ont la toilette traditionnelle; le bouquet de fleurs d'oranger ne manque pas à l'appel; il y a peut-être autre chose qui manquera, mais la mariée aura le droit de chanter :

> Si le reste n'est pas là,
> Mon bouquet du moins y sera.

Félix examine toutes ces mariées; il en compte quatre, sur lesquelles deux de laides, une de passable, et enfin une qui est jolie, mais qui a les cheveux d'un rouge carotte.

— Après tout, se dit le jeune homme, pour ceux qui aiment cette couleur-là, cette demoiselle doit paraître ravissante ; est-ce que ce serait la future de Dufilet... Mais j'ai beau chercher... je ne l'aperçois pas, lui... Voyons, informons-nous, je sais que le beau-père s'appelle Merluchet.

Félix a justement près de lui un petit monsieur qui a l'air de connaître tout le monde et d'être de toutes les noces, car il adresse des plaisanteries, souvent assez libres, à chaque mariée, et rit ensuite de façon à faire trembler la salle. Mais le rire étant communicatif, les hommes qui sont là ne tardent pas à faire chorus avec ce monsieur si plaisant. Il y en a pourtant qui sont longs à se mettre en train, et Félix a remarqué un grand individu, assis au bout d'une banquette, qui a l'air d'un paysan habillé, et qui ne se met à rire que lorsque tout le monde a fini, ce qui produit alors un effet singulier.

— Monsieur, vous qui me paraissez connaître beaucoup de monde ici, seriez-vous assez bon pour me dire laquelle de ces mariées est mademoiselle Laurette Merluchet?

— Laurette Merluchet! la fille de Jérôme Merluchet, le maître maçon ?

— Justement, monsieur.

— Et qui épouse Nicolas Dufilet, un jeune garçon boucher de Paris... mais qui va s'établir d'ici à un mois, avec la dot de sa femme; il prendra la boutique de son bourgeois, qui veut se retirer...

— Vous êtes parfaitement au fait, monsieur; vous en savez même plus long que moi, car j'ignorais les derniers détails.

— Oh! mais moi je sais tout!... Je connais tout le monde à Belleville; il y a vingt-cinq ans que j'y demeure. Je suis rentier. Je n'ai rien à faire, mais j'aime à être utile; aussi je fais les commissions de tout le monde, ça m'amuse, ça m'occupe; quand quelqu'un a besoin de quelque chose à Paris et n'a pas le temps d'y aller, il vient me trouver et me dit : « Mon petit Dardard, » c'est mon nom, Mithridate Dardard pour vous servir... il me dit : « Mon petit Dardard, voulez-vous me faire le plaisir d'aller à Paris pour moi et de m'y acheter ceci et cela? » Moi j'accepte, je fais la commission... et toujours très-bien... Seulement il y a huit jours, on m'avait chargé de rapporter de la farine de graine de lin, pour mettre des cataplasmes à un enfant malade, je me suis trompé : j'ai rapporté de la farine de moutarde, mais cela a produit absolument le même effet... l'enfant est mort, il ne pouvait pas en revenir.

— Alors, monsieur Dardard, puisque vous connaissez tout le monde, voulez-vous avoir la complaisance de me montrer mademoiselle Laurette Merluchet, car je suis son garçon d'honneur ; son futur est venu ce matin me prier de lui rendre ce service...

— Je vous montrerais bien la mariée que vous demandez, mais il y a une petite difficultée... c'est qu'elle n'est pas là... Ah ! ah ! ah !... la raison est bonne !... la noce Merluchet n'est pas encore arrivée. Ils sont en retard, car ils doivent passer les seconds... Il y a cinq mariages aujourd'hui, et dès que M. le maire sera arrivé, on commencera.

— Alors attendons, il est probable qu'ils ne tarderont pas.

— Ah ! vous êtes un des garçons d'honneur de Dufilet?

— Oui, monsieur.

— Je comprends ! vous remplacez M. Grandcerf, ce pauvre Grandcerf ! il souffre beaucoup de son clou; je suis pourtant allé à Paris exprès pour lui chercher une pommade très-vantée et qui devait le guérir tout de suite!... Eh bien, c'est depuis qu'il en a mis qu'il a plus mal.

Félix se dit que, si ce monsieur a fait pour le clou de M. Grandcerf comme pour le cataplasme de l'enfant malade, il n'est pas étonnant que ce monsieur n'ait pas pu remplir ses fonctions de garçon d'honneur.

— Cinq noces le même jour ! cela me contrarie beaucoup ! reprend M. Dardard, car vous comprenez bien que je suis invité partout, et je ne peux pas me mettre en cinq... en quatre passe encore... Ah ! ah ! ah ! le mot n'est pas mauvais... J'avais bien dit aux mariés : « Vous, vous dînerez à deux heures ; vous, à quatre ; vous, à six... » de cette façon j'aurais toujours été à trois repas... mais ils ne m'ont pas écouté, ils veulent tous dîner à quatre heures !...

— Est-ce que vous pensez que vous auriez pu dîner trois fois?

— Oui, en se ménageant un peu... On prend du poulet chez l'un, de l'anguille chez l'autre... et des cornichons partout, car les cornichons ne manqueront nulle part... Ah ! ah ! ah ! n'est-ce pas, Dupont, qu'il y aura des cornichons à toutes les noces?

Celui auquel s'adresse cette question part aussitôt d'un gros rire, ses voisins font chorus, et lorsque enfin ces messieurs se calment, le paysan qui est assis au bout de la banquette se met à rire tout seul.

— Ah ! voilà la noce Merluchet ! s'écrient plusieurs dames en allant regarder aux fenêtres. Félix en fait autant. Il aperçoit la future de son frère de lait : c'est une belle fille, haute en couleurs, taillée en force, qui porte fièrement son bouquet de mariée et n'a pas l'air timide du tout. Son père lui donne la main ; Dufilet marche derrière donnant le bras à une vieille tante. Le marié est encore plus rouge qu'à son ordinaire, et semble marcher avec difficulté.

Cette cinquième noce fait son entrée dans la salle.

— Tiens, on dirait que le marié boite ! dit M. Dardard. Il faut donc absolument que quelque chose cloche dans ce mariage-là.

Dufilet pousse un cri de joie en apercevant son frère de lait. Il court à Félix et le présente à sa future, en disant :

— Ma conjointe, voilà mon nouveau garçon d'honneur... J'espère qu'il vaut bien le papa Grandcerf celui-là, et que nous n'avons pas perdu au change.

Mademoiselle Laurette adresse un sourire très-agréable à Félix, en disant :

— Ah ! certainement, j'aime bien mieux monsieur ! D'abord il est jeune au moins, et c'est si bête d'avoir un garçon d'honneur vieux !

— Dites donc, monsieur Félix, je ne vous ai pas trompé en vous disant que ma future était jolie... hein? ça fait un beau brin de femme... et comme c'est découpé...

— Voyons, Dufilet, ne commencez pas vos bêtises... monsieur voit bien comment je suis faite !...

— Certainement, madame, et je ne puis que féliciter celui qui va posséder tant d'appas !...

— Ah ! mais oui, qu'elle en a des appas, et des solides !...

— Dufilet taisez-vous ou je vais me plaindre à papa !...

— Mais vous êtes arrivés bien tard...

— C'est la faute de mon futur, il marche comme une cane... J'ai cru que nous le laisserions en route.

— C'est la faute de mes souliers... Ah ! maudits souliers ! me font-ils souffrir... Le cordonnier m'avait dit que ça se ferait en marchant, mais au contraire... quand je marche je souffre horriblement...

— Mais aussi vous êtes bien chaussé ! dit mademoiselle Laurette. Ah ! voilà M. le maire... Nous passons les seconds, n'est-ce pas?

— Oui, oui, nous avons le temps... Ah ! je n'y tiens plus, je vais un peu me mettre à mon aise.

Dufilet va s'asseoir près du paysan qui rit après les autres, et, se baissant doucement, ôte ses souliers et pousse un ah ! de satisfaction lorsqu'il est déchaussé. Pendant ce temps mademoiselle Laurette a présenté Félix à son père, le maître maçon, puis à son frère, à ses parents et à toute sa noce. M. Merluchet secoue la main de Félix de manière à lui disloquer les doigts, puis reprend la conversation avec Mithridate Dardard, qui cherche à lui prouver que l'on dîne bien mieux lorsqu'on ne se met à table qu'à six heures. Mais le *factotum* de l'endroit y perd son éloquence. Il a affaire à des gens dont l'appétit est toujours ouvert, et M. Merluchet lui répond :

— Je ne vous écoute pas, vous ; et, à propos, j'ai des plaintes à vous faire de la part de ce pauvre Grandcerf...

— Des plaintes de votre ami Grandcerf? Et sur quel sujet? Est-ce ma faute à moi si son clou ne veut pas aboutir !

— Mais dame, justement ! Il paraît que vous ne lui avez pas apporté la pommade qu'on lui avait recommandée ; il n'a malheureusement lu que ce matin ce qui est écrit sur la boîte : c'est une pommade pour les cors et non pas pour les clous.

— Allons donc, ce n'est pas possible... je suis bien certain d'avoir demandé une pommade pour les cors... non pour les clous. Si le pharmacien s'est trompé, est-ce ma faute? Au reste, je suis persuadé que cela doit produire le même effet et arriver au même résultat, car enfin des clous ou des cors... c'est presque la même chose !

— Mais non ! ce n'est pas du tout la même chose... la preuve, c'est que Grandcerf souffre beaucoup plus...

— Preuve qu'il va guérir !

— La noce Merluchet ! c'est au tour de la noce Merluchet ! crie un garçon de bureau en se promenant dans la salle.

— A nous, c'est à nous, dit mademoiselle Laurette. Eh bien, où est donc Dufilet ?

— Mon gendre... où est mon gendre? Est-ce qu'il va se faire chercher au moment de se marier ? Ah ! je l'aperçois qui est assis là-bas... Il n'entend donc pas qu'on nous appelle ?

— Je vais le chercher, dit Félix en se faisant jour à travers tout le monde.

Dufilet, rouge comme une écrevisse, avait un de ses pieds croisé sur sa jambe, et tenait un soulier vernis dans ses mains.

— Eh bien ! tu n'entends donc pas qu'on t'appelle ? lui dit Félix. C'est à ton tour... va donc... ta femme s'impatiente...

— Oui, oui, j'ai bien entendu qu'on nous appelait, mais ce n'est pas ma faute... Voyez-vous, je souffrais tant des pieds, que j'avais ôté mes souliers pour être un moment à mon aise...

— Remets-les bien vite alors.

— C'est ce que je cherche à faire... mais j'ai bien de la peine... apparemment que mes pieds sont gonflés... Aïe !... sapristi !... ça ne veut pas entrer...

Le maître maçon arrive d'un air colère en disant :

— Eh bien ! mon gendre, est-ce que vous vous moquez de nous ?... faire attendre ainsi ma fille, votre future, et M. le maire qui vous appelle pour vous marier... c'est me manquer de respect !

— Mon beau-père, ce n'est pas ma faute... ce sont mes souliers que je ne peux pas remettre...

— Et pourquoi les aviez-vous ôtés, monsieur? est-ce qu'on se déchausse au moment de se marier ?...

— Ah ! en voilà un de mis enfin !...

En ce moment le garçon se mit à crier :

— La noce Gigoteau, numéro trois... Où est la noce Gigoteau ?... Elle va passer avant la noce Merluchet, puisque celle-ci ne se présente pas...

— Voilà ! voilà ! les mariés Gigoteau... nous v'là !...

La noce numéro trois court se placer devant M. le maire, et M. Merluchet s'écrie :

— Voyez-vous ce qui arrive, mon gendre? la noce qui était en troisième passe avant vous... et c'est vous qui en êtes cause !...

— Mais non, mon beau-père, c'est la faute de mes souliers... Enfin, nous passerons après, voilà tout !

Le papa Merluchet va retrouver sa fille, qui trépigne avec impatience, bien que Félix fasse son possible pour la calmer, en lui disant :

— Il faut excuser Dufilet, il avait ôté ses souliers et ne pouvait plus les remettre.

— Mais si, c'est sa faute, pourquoi avait-il ôté ses souliers ?

— Parce qu'ils lui font très-mal ; vous avez bien vu qu'il boitait avec.

— Pourquoi achète-t-il des souliers trop étroits... Il ne fait que des bêtises, mon futur ! S'il continue comme cela, ça ira mal !

— Mon gendre ne mérite pas le trésor que je lui adjoins ! dit le maître maçon. On n'a jamais vu un homme se permettre de telles incongruités... manquer à M. le maire... se déchausser en pleine mairie... ça ne s'est jamais vu !

— Il est certain, dit Dardard, que le moment était mal choisi !... plus tard, je ne dis pas, eh ! eh ! eh !...

Pendant que l'on tâche de calmer la mariée et son père, Dufilet, au lieu de chercher à mettre son autre soulier, ôte celui qu'il n'a remis qu'avec infiniment de peine, en se disant :

— Puisque c'est une autre noce qui passe, je n'ai pas besoin de m'estropier longtemps d'avance... Ah ! gredin de cordonnier qui m'assure que ça se fera !... Et des souliers qui m'ont coûté dix-huit francs ! il faudra pourtant que je les use !... Si j'ôtais mes bas, je les mettrais sans doute plus facilement... Mais je ne peux pas me marier sans bas... ça indisposerait mon épouse !

Enfin la noce Merluchet s'est un peu calmée. La mariée dit à Félix :

— Il n'ose donc pas revenir auprès de moi cet imbécile-là ?

— De qui parlez-vous, belle Laurette ?

— Pardi ! de mon futur, qui est assis là-bas au lieu de venir près de nous. Allez donc lui dire que je lui pardonne et mon père aussi... mais que je veux qu'il vienne tout de suite nous trouver... vous serez bien gentil, et je vous laisserai m'ôter ma jarretière.

— Avec une telle perspective que ne ferait-on pas !... Je vais chercher Dufilet...

— D'autant plus que notre tour va arriver, M. le maire mène ça bon train !

Félix va rejoindre le marié, qui souriait avec bonheur, parce qu'il n'avait pas de souliers à ses pieds.

— Eh bien ! mon ami, que fais-tu là tout seul au lieu de venir près de ta future ?

Le garçon boucher sourit à son frère de lait, et répond :

— Je me prélasse, je suis si heureux quand je ne les ai pas !

— Quoi ! tu as encore ôté tes souliers...

— Je ne les avais pas remis tous les deux... et ils me font si mal !...

— Mais on va t'appeler pour te marier ; est-ce que tu veux faire comme tout à l'heure !

— Oh ! j'ai du temps de reste !...

Ici, la voix du garçon de bureau se fait entendre de nouveau, et crie :

— La noce Merluchet doit être arrivée à présent... C'est à son tour... Avancez devant M. le maire... la noce Merluchet !...

— Ah ! bigre ! déjà notre tour revenu ! dit Dufilet en se baissant pour ramasser ses souliers. Je ne croyais pas qu'il reviendrait si vite...

— Dépêche-toi, malheureux, ta belle fiancée s'impatiente...

— Que je me dépêche, c'est facile à dire... si j'avais un tire-pied encore... mais je n'ai pas de tire-pied !...

Le garçon crie plus fort :

— Allons donc ! la noce Merluchet... M. le maire attend !...

Le pauvre Dufilet sue sang et eau et ne peut pas parvenir à rentrer dans ses beaux souliers vernis. Bientôt son beau-père s'avance vers lui, l'air furibond, l'œil menaçant, en jurant comme plusieurs charretiers :

— Eh bien ! sacré mille bœufs ! c'est donc un parti pris, monsieur Dufilet ; vous avez donc résolu de laisser ma fille le bec dans l'eau au moment de se conjoindre à vous ?...

— Mais non, car, beau-père, vous voyez bien que je fais ce que je peux pour me chausser... mes pieds sont gonflés que c'est une horreur...

— Mon gendre, vous me manquez de respect avec vos souliers... vous vous moquez de ma fille... pour un rien je vous enverrais à l'ours !...

— Ça va venir... en voilà un qui entre...

Mais on entend le garçon de bureau qui appelle cette fois la noce numéro quatre, parce que le numéro deux manque encore à l'appel.

— Encore soufflé ! dit le maître maçon en frappant le parquet de sa canne. Ah ! c'est trop fort, et si ma fille est de mon avis, elle vous renverra à vos moutons, mon gendre, et elle épousera Grandcerf aussitôt que son clou aura percé !

La mariée versait des larmes de colère, mais elle n'avait nullement envie d'épouser M. Grandcerf. Elle dit à Félix, qui revient près d'elle et essaye d'excuser son frère de lait :

— Voyez-vous, monsieur, c'est indigne de la part de Dufilet. Tout le monde me regarde en riant, on se moque de moi, on se dit déjà : « Il ne l'épousera pas, il fait exprès d'avoir l'air de souffrir des pieds, mais c'est une farce, c'est un coup monté. »

— Je vous assure, belle Laurette, que le pauvre Dufilet est incapable d'avoir de ces idées-là.

— C'est possible, monsieur, mais je connais mon père : si, la première fois qu'on nous appellera, mon futur ne se présente pas tout de suite, il ira lui donner une paire de soufflets, et notre mariage ne se fera pas.

— Eh bien, soyez tranquille, fiez-vous à moi ; je vous réponds que la prochaine fois votre futur ne se fera pas attendre. J'en fais mon affaire.

— Ah! monsieur, je vous en aurai tout plein de reconnaissance.

Félix quitte la mariée et va retrouver le futur, qu'il trouve ayant mis un soulier, mais essayant en vain de chausser l'autre.

— Dufilet, sais-tu que tu te conduis bien sottement pour un jour de noces!

— Allons! voilà mon frère de lait qui me gronde aussi à présent, comme si tout cela était ma faute.

— Oui, sans doute, c'est ta faute; tu es arrivé ici chaussé, il fallait garder tes souliers.

— Mais je ne pouvais plus marcher avec...

— Bah! il faut savoir souffrir un peu pour avoir une jolie femme...

— Dire que je ne peux pas entrer l'autre... Vous n'avez pas un tire-pied?

— Non! je n'ai pas l'habitude d'en porter sur moi!...

— Ah! mon Dieu! je m'abîme les doigts... Je ne peux pas en venir à bout!

La voix du garçon de bureau se fait entendre de nouveau :

— Si la noce Merluchet est arrivée, qu'elle se présente devant M. le maire!

— Ah! mon Dieu! et je ne l'ai pas encore mis! balbutie Dufilet,

Mais sans lui laisser le temps de se reconnaître, Félix le prend dans ses bras, le soulève et l'emporte devant le maire en criant :

— Voilà le marié...

C'est mademoiselle Merluchet que l'on attend maintenant.

Mais la grosse Laurette ne se fait pas attendre; en quelques secondes elle est à côté de son futur, qui baisse les yeux d'un air confus, et garde sa main gauche derrière son dos, parce que c'est celle-là qui tient son soulier. Heureusement M. le maire ne remarque pas tous ces détails, et les futurs sont unis, quoique le marié n'ait qu'un pied de chaussé. Quant à Félix, il essuie la sueur qui coule de son front, car il a fait presque un tour de force en emportant le marié.

La cérémonie terminée, on permet au marié de courir chez un cordonnier s'acheter d'autres souliers. Puis toute la noce part pour se rendre au restaurant du lac Saint-Fargeau, où le jeune Félix promet d'aller le soir faire danser la mariée et réclamer un morceau de sa jarretière... il l'avait bien gagné!

IV

LA FAMILLE MONTLAURENT

Maintenant faisons connaissance avec la famille Monlaurent, qui se compose de l'oncle, des trois cousins et de la cousine de Félix. Il y a aussi une vieille parente, qu'il ne faut pas oublier, car elle demeure chez M. Monlaurent, et s'occupe spécialement de l'éducation de la jeune Emma.

M. Monlaurent a soixante ans; il en paraît dix de plus, car il est maigre, jaune, cacochyme, bien qu'il suive presque constamment un régime et ne mange que ce qu'on lui assure être bon pour sa santé. Toutes ces précautions qu'il a continuellement prises pour se bien porter ne l'ont pas empêché d'être presque toujours malingre, et son neveu Félix prétend même que c'est parce qu'il suit un régime que son oncle est sans cesse malade.

Ainsi M. Monlaurent déjeune avec des radis, parce qu'on lui a dit que cela faisait dormir; à son dîner il lui faut du cresson et de la petite chicorée sauvage, parce qu'on prétend que cela purifie le sang. Il veut toujours avoir un plat de carottes, cela empêche la jaunisse; dans la saison des asperges, il en mange tous les jours, on lui a dit que cela était très-sain. Mais son estomac, déjà délabré par les tisanes, s'accommode mal de tous ces mets, si bons pour la santé! et les infusions de mauve qu'il boit soir et matin ne lui donnent aucun appétit.

Très-sévère dans ses mœurs, très-rigide observateur des usages, de l'étiquette, des devoirs de famille, M. Monlaurent gronde presque sans cesse, et se montre bien rarement de bonne humeur. Cela tient peut-être à son état maladif et à son mauvais estomac; il est bien facile d'être gai quand on se porte bien; il est difficile de rire quand on ne digère pas, et nous serions souvent bien plus indulgents pour l'humeur de nos amis si nous connaissions le véritable état de leur santé.

M. Monlaurent, qui est d'une probité rigide, a gagné sa fortune dans les affaires, mais jamais il n'a manqué à ses engagements, ni fait tort d'un sou à ses commettants. En revanche, il exige des autres la même exactitude; avec lui une promesse est sacrée, une parole vaut une signature.

Un tel homme devait nécessairement n'avoir aucune confiance dans les étourdis qui s'amusent aujourd'hui sans songer au lendemain; pour lui, le désordre était la source de tous les vices; il ne le pardonnait pas même aux jeunes gens. L'indulgence n'était pas sa vertu : mais parce qu'on est rigide et sévère, cela ne prouve pas toujours que l'on soit vertueux.

M. Monlaurent est devenu veuf de bonne heure. Il a quatre enfants, trois fils et une fille. Félicien, l'aîné des garçons, a vingt-quatre ans. Il est chez un notaire. C'est un grand blond, pâle, assez bien de figure, mais dont les yeux bleu-faïence sont presque continuellement baissés, et qui ne vous regarde jamais en face. Il a le parler lent et mielleux; il rougit devant une femme, et gronde son cousin Félix lorsque celui-ci se permet de dire une plaisanterie un peu leste. Ce jeune homme n'a jamais eu de maîtresse, du moins on ne lui en connaît pas. Il est tous les jours couché à dix heures. C'est le Benjamin de son père.

Le second fils, Adolphe, plus jeune d'un an, a une figure ronde et assez enjouée. Celui-là rirait volontiers, s'il l'osait; mais, comme il a grand'peur de son père, il s'observe continuellement, ne rit que du bout des lèvres, et affecte de mettre beaucoup d'eau dans son vin, parce qu'il a entendu son père tonner contre les ivrognes. Celui-là est employé dans une maison de commerce.

Enfin le troisième fils, qui n'a que vingt ans, se nomme Victorin : c'est une nature maigre et frêle comme son père, mais il y a dans ses yeux quelque chose qui annonce des passions vives, une organisation nerveuse, qui parfois souffre de la contrainte qu'il s'impose. Celui-là est chez un banquier. Il parle quelquefois avec feu des gains considérables que des clients ont faits à la bourse. Il ne cache pas son désir de faire aussi une grande fortune. Mais alors son père lui dit d'un ton sévère :

— Travaillez beaucoup, ayez de l'ordre, ne donnez rien au hasard, et alors vous prospérerez. Les grandes fortunes qui se gagnent si vite à la bourse ne durent jamais plus de temps qu'elles n'en ont mis à s'acquérir. Il n'y a de solide que ce qui a coûté du travail et de la peine. Surtout ne jouez jamais! les fortunes les plus belles peuvent s'engloutir au jeu, et on ne plaint jamais celui qui est devenu misérable par ce vice.

A cela le jeune Victorin répondait :

— Je ne joue jamais, mon père, je ne sais même pas tenir une queue de billard.

— Tant mieux! mon fils, le billard est un jeu dangereux qui entraîne les jeunes gens à de folles dépenses; il a pris depuis quelque temps une extension funeste, et quand je lis sur une maison : *Café aux cent billards!* je ne puis m'empêcher de songer à tout l'argent que des ouvriers viendront y perdre... à toutes les privations que cela coûtera à leurs familles.

Après les trois fils vient la jeune Emma, qui va avoir quinze ans. C'est une charmante enfant, jolie sans être belle, gracieuse sans prétentions, aimable sans le chercher, et bonne toujours. Elle aime tendrement son père, qui, touché de sa constante douceur, de l'égalité de son caractère, est près d'elle moins sévère que pour ses fils, et ne trouve pas mauvais qu'elle soit gaie. Il est bien rare que M. Monlaurent gronde sa fille; mais pourquoi la gronderait-il, puisqu'elle est toujours soumise et obéissante? il y a cependant un sujet qui attire quelquefois des réprimandes à la jeune fille, c'est lorsqu'elle essaye de défendre son cousin Félix et de chercher à l'excuser près de son père.

Alors M. Monlaurent fait une grosse voix et dit à Emma :

— De quoi te mêles-tu? pourquoi prends-tu le parti d'un étourdi, d'un écervelé qui a tous les défauts et ne sera jamais qu'un mauvais sujet?

— Mais, mon père, Félix est le fils de votre sœur, et je vous ai entendu bien souvent dire que vous chérissiez votre sœur et que vous n'abandonneriez jamais son fils.

— Aussi je ne l'ai point abandonné. Je lui ai fait donner de

Félix ouvre la loge. (Page 4.)

l'éducation, je l'ai placé dans une maison de commerce; j'ai fourni longtemps à toutes ses dépenses. Mais il ne veut rien faire que courir, s'amuser, jouer, fréquenter de vilain monde... Enfin il fait des dettes!... Je les ai payées une fois... mais c'est assez, qu'il ne compte plus sur moi.

— Mon cousin se corrigera!

— Oh! non... c'est fini! le pli est pris... Je te dis qu'il a tous les vices! il aime le jeu, le vin... les... Enfin tu ne peux pas comprendre cela, mon enfant, mais je te répète que M. Félix ne fera jamais qu'un vaurien.

La jeune Emma n'osait plus insister. Elle soupirait et se contentait de penser :

— Pauvre cousin, c'est bien dommage qu'il soit si mauvais sujet! car il est bien gentil!

Il nous reste à faire connaissance avec madame Sarget, la parente éloignée de M. Monlaurent. C'est une vieille dame veuve qui possède deux mille francs de rente, ce qui satisfait ses désirs, madame Sarget n'ayant jamais eu d'ambition. Son seul défaut est la coquetterie; malheureusement elle possède un nez qui a continuellement mis obstacle à son désir de plaire; ce nez est tellement long, tellement pointu, qu'on se demande comment il s'est trouvé un homme assez courageux pour épouser celle qui le possède. Assurément Sarget n'a jamais pu embrasser sa femme de face, mais il y a beaucoup d'hommes qui se contentent d'aimer leurs femmes au profil.

Aucun rejeton n'était issu de cette union. Madame Sarget, devenue veuve, aurait volontiers donné un successeur au défunt, mais personne ne se présenta pour affronter ce nez menaçant. En vain cette dame soignait-elle sa toilette et prenait-elle un air aimable en causant avec un célibataire : il lui fallut vieillir avec son titre de veuve, si envié par quelques femmes, si détesté par les autres. Madame Sarget, à part son désir de plaire qu'elle conservait encore à cinquante-neuf ans, était du reste une femme sachant tenir une maison avec beaucoup de soin; elle était précieuse pour M. Monlaurent, qui lui avait proposé de venir s'établir chez lui et de servir de mentor à sa fille. Madame Sarget avait accepté, à condition qu'elle payerait sa pension, et peut-être avec l'espoir que M. Monlaurent, qui était veuf aussi, pourrait un jour lui offrir un titre plus doux; mais cet espoir fut bien vite détruit. M. Monlaurent, persuadé que le mariage était mauvais pour la santé, n'avait nulle envie de s'engager de nouveau.

La jeune Emma s'accordait fort bien avec madame Sarget, qui était toujours de bonne humeur quand on lui disait qu'elle était bien coiffée. Les fils de M. Monlaurent s'étaient aussi habitués assez vite au nez de la vieille parente, et n'y faisaient plus attention. Mais il n'en avait pas été de même de Félix : celui-ci, d'un caractère extrêmement gai et chez lequel il fallait peu de chose pour provoquer de longs éclats de rire, n'avait pu garder son sérieux la première fois qu'il avait vu madame Sarget. Celle-ci, fort étonnée en voyant le jeune neveu se pâmer à force de rire, lui avait dit :

— Qu'est-ce qui vous prend donc, mon jeune ami, et qui peut vous donner cet accès de gaieté?

— Ce qui me fait rire!... ah! vous le savez bien!...

— Je vous assure que je ne le sais pas, que je ne m'en doute même pas...

— Bah! vous mettez un faux nez, et vous ne voulez pas que cela me fasse rire!...

— Un faux nez!... que signifie cela? Apprenez, jeune homme, que je n'ai jamais rien mis de faux.

— Ah! la bonne plaisanterie! Otez-le donc un peu, que je voie comment il est fait...

— Monsieur Félix, je vous prie de ne pas vous moquer de moi... Je n'aime pas cela, monsieur. Et un gamin de votre âge doit respecter une femme comme moi.

Félix n'avait en effet que dix-sept ans à cette époque. Obligé de reconnaître que le nez de madame Sarget était véritable, il ne pouvait guère s'empêcher de rire toutes les fois qu'il se trouvait devant cette dame, qui en conçut une secrète prévention contre lui.

Enfin, à l'époque du jour de l'an, par un temps très-froid, Félix se permit d'offrir à madame Sarget un immense étui, en lui disant :

— C'est pour votre nez... il y a dix degrés au-dessous de zéro... il gèlera si vous l'exposez tout nu au froid.

Ce cadeau n'avait pas été du goût de la vieille dame, et Félix

Voyons, c'est pas tout ça, nom d'un chien! (Page 15.)

avait été pour cela sévèrement grondé par son oncle, auquel il avait répondu :

— On met des habits sur son corps, des bas pour garantir ses jambes, des gants pour garantir ses mains... j'ai cru qu'on pouvait mettre aussi quelque chose sur son nez quand on en avait un si remarquable.

C'était pour fêter l'anniversaire de sa naissance que M. Monlaurent donnait un grand dîner, auquel il avait convié d'abord son médecin : celui-là n'était jamais oublié ; seulement, comme M. Monlaurent, qui ne se sentait jamais bien portant, trouvait que celui qui le soignait ne savait pas lui donner ce qu'il fallait pour le guérir, il changeait fort souvent de docteur, espérant toujours qu'avec un nouveau il parviendrait à se bien porter.

Puis, avec le docteur, M. Monlaurent ne manquait jamais d'inviter un pharmacien : c'était un moyen d'avoir promptement et presque sous la main les médicaments que le docteur pourrait ordonner dans le cas où quelqu'un se trouverait indisposé. Quelquefois un chirurgien était aussi convié, mais on s'en privait souvent. Enfin la réunion se complétait par quelques vieux amis de l'amphitryon, presque tous personnages graves, sérieux, et qui aimaient mieux manger que causer, d'autant plus qu'ils s'acquittaient infiniment mieux de la première chose que de la seconde.

M. Monlaurent n'invitait presque jamais de dames. Il trouvait qu'il fallait se gêner pour elles ; que fort souvent elles se faisaient attendre, et qu'à table les manches bouffantes de leurs robes étaient fort gênantes pour leurs voisins. La jeune Emma et la veuve Sarget représentaient à elles deux la plus belle moitié du genre humain. L'une le méritait par sa gentillesse, l'autre pouvait réclamer la priorité pour son nez.

V

UN DOCTEUR BON VIVANT

On dînait à cinq heures chez M. Monlaurent. Pour tout au monde il n'aurait pas voulu retarder l'heure de ses repas, persuadé que la santé dépendait baucoup de cette exactitude dans la manière de vivre. Ses convives, qui le connaissaient et savaient qu'on ne les attendrait pas, étaient toujours arrivés à temps. Mais cette fois le médecin, qui ne soignait l'amphitryon que depuis peu de jours, avait été deux minutes en retard, ce qui avait fait froncer le sourcils à M. Monlaurent, qui s'était dit :

— Je crois que je ne garderai pas ce docteur-là. Ce n'est pas encore ce qu'il me faut !

A l'entrée de son médecin, M. Monlaurent s'était écrié :

— Servez !...

— Mais mon cousin Félix n'est pas encore arrivé, dit timidement Emma à son père.

— Eh bien ! qu'est-ce que cela me fait? est-ce que tu crois par hasard que pour ton cousin je vais risquer d'avoir mal à l'estomac en reculant l'heure habituelle de mon dîner ? Nous sommes déjà en retard de deux minutes par la faute du docteur, et c'est trop. Quant à M. Félix, on sait bien qu'il ne peut pas être exact, il ne se réglera jamais.

— Mais il vous manque un convive? dit le docteur en se mettant à table. Je vois un couvert inoccupé.

— Oh ! c'est celui de mon neveu, et vous pensez bien qu'un oncle ne doit pas attendre son neveu... Au reste, je n'attends personne, et si vous aviez tardé une minute encore, docteur Choubert, vous nous auriez trouvés à table aussi.

— Peste ! quelle rigueur ! Mais je suis arrivé à cinq heures deux minutes.

— Eh bien, c'est deux minutes trop tard.

— Comment, vous n'accordez pas le quart d'heure de grâce !

— Jamais ! Est-ce qu'il n'est pas aussi facile d'être exact que de ne point l'être ?

— Pas toujours, il peut survenir quelque affaire, quelque rencontre, qui vous retiennent.

— Je n'admets pas cela. On ne fait plus d'affaires lorsqu'on sait que l'on va dîner; et quant aux bavards que l'on rencontre, on leur tourne le dos sans leur répondre, cela met tout de suite fin à la conversation.

— Vous êtes bien rigide !...

— C'est mon habitude. Dans ma vie, je n'ai jamais fait attendre personne. Il me semble que l'on peut bien en faire autant pour moi.

— Mon cher monsieur Monlaurent, on ne refait pas ses connaissances, il faut les supporter avec leurs défauts; il y a des personnes auxquelles il est aussi impossible d'être exactes qu'à vous de manquer de parole.

— Ces personnes-là ne dîneront pas chez moi. Au reste, n'est-il pas vrai que l'exactitude dans l'heure des repas est indispensable pour se bien porter?

— Oh!... indispensable n'est pas prouvé !... Sans doute cela vaut mieux, mais une demi-heure plus tôt ou plus tard, cela ne fait rien du tout.

— Décidément, voilà un médecin qui ne peut pas m'aller! se dit l'amphitryon en fronçant le sourcil. D'abord il est trop jeune... Où diable ai-je eu la tête de prendre un docteur jeune, et qui rit toujours ! C'est cet imbécile de pharmacien qui me l'a recommandé... Je le changerai aussi, lui.

Le docteur était en effet un homme jeune encore, à figure réjouie, l'air aimable, gai, et n'ayant rien qui fît songer au mal et à la maladie. Mais M. Monlaurent était persuadé qu'un bon médecin devait avoir l'air grave, sévère même, et ne rire jamais; un peu plus, et il l'aurait voulu constamment en deuil.

— Si Félix n'est pas arrivé lorsqu'on aura pris le potage, vous ôterez son couvert! dit M. Monlaurent au domestique.

— Ah! mon père! dit la jeune Emma, Félix viendra toujours... ne faites pas ôter son couvert!

— Je me joins à mademoiselle, dit le docteur. D'ailleurs j'ai l'avantage de connaître MM. vos fils, et je serais bien aise de faire aussi connaissance avec votre neveu.

— Triste connaissance que vous feriez là! un coureur, un mauvais sujet!...

— Il y a des mauvais sujets fort aimables !

— Je ne crois pas.

— Tenez, mademoiselle, nous avons un moyen d'agir en faveur de votre cousin, reprend le docteur : c'est de manger notre potage très-doucement, et même d'en redemander... comme je fais en ce moment... ce qui m'arrange du reste, car il est excellent.

Emma sourit, M. Monlaurent fronce le sourcil, mais la porte s'ouvre et le retardataire entre vivement dans la salle à manger, et salue la société tout en disant :

— Excusez-moi, mon oncle, ce n'est pas ma faute... c'est que l'on est venu me chercher pour que je sois garçon d'honneur ou témoin à un mariage.

— Oh! l'on sait bien que ce ne sera jamais votre faute !... et que vous aurez toujours une histoire toute prête pour vous excuser... mais cela ne prend pas avec moi.

— Mon oncle, c'est mon frère de lait Dufilet qui se mariait.

— Et vous ne saviez pas cela d'avance?

— Non, parce que ma portière a jugé inutile de me donner la lettre de faire part. Elle me supprime les imprimés.

— Monsieur, dit le docteur, auquel la figure ouverte, la physionomie spirituelle de Félix, plaisent déjà, vous êtes cause que je mange encore du potage, mais je ne m'en repens pas, et voilà mademoiselle votre cousine qui a aussi plaidé votre cause.

— Oh! je sais que ma cousine est bien bonne pour moi! répondit Félix en faisant un gracieux salut à ce monsieur, qu'il voit pour la première fois, et en se pressant d'avaler son potage.

Après avoir fait disparaître sa seconde assiettée de potage, le docteur, qui cherchait des yeux le madère, et n'en apercevait pas, se décide à se servir du vin ordinaire, et en offre à sa jeune voisine en lui disant :

— Allons, mademoiselle, après le potage un doigt de vin pur, c'est très-bon.

— Du vin pur!... oh! je n'en bois jamais, monsieur.

— Vous avez tort!... Monsieur Monlaurent, dites donc à mademoiselle votre fille d'accepter ce que je lui offre...

— Du vin pur!... par exemple... Mes enfants font comme moi, ils n'en boivent jamais...

— Comment, vous ne buvez jamais de vin pur!...

— Je m'en garderais bien !

— Vous avez tort... très-grand tort... le vin pur fortifie, réchauffe l'estomac... C'est très-bon pour la santé... Je ne vous dis pas d'en faire un usage continuel pendant votre repas... quoiqu'il y ait des personnes qui ne s'en trouvent pas plus mal; mais enfin il faut en boire... et tenez, après le potage, rien n'est meilleur que le madère... essayez-en...

— Je n'en ai pas.

— Eh bien, ayez-en, et je suis certain que vous vous en trouverez bien. Monsieur Félix, êtes-vous à l'eau comme vos cousins ?

— Oh ! non, monsieur, moi j'accepte volontiers du vin pur.

— Et moi aussi, dit le pharmacien, qui n'avait pas encore pris part à la discussion. Oh ! je suis de l'avis du cher docteur, vive le vin pur... D'ailleurs Hippocrate lui-même assure qu'il faut se donner une petite pointe pour se bien porter.

M. Monlaurent lève les yeux au ciel; il n'ose pas blâmer les goûts de ses convives. Mais il regarde son neveu avec colère; celui-ci n'y fait pas attention et tend son verre au docteur. L'amphitryon fait une nouvelle grimace en se disant : « Mais il n'est pas possible que ce soit là un médecin ! »

Pendant le premier service, le docteur Choubert fait presque seul les frais de la conversation. Heureusement il est en fonds et ne la laisse jamais languir. Les trois fils de M. Monlaurent osent à peine risquer de temps à autre quelques monosyllabes. Les vieux invités mangent sans parler. Félix seul se permet quelquefois de rire avec le docteur et de joindre une plaisanterie aux siennes. Quant à l'amphitryon, il mange des radis et du cresson, osant à peine risquer un petit morceau de bifteck, et encore parce que son médecin le lui ordonne.

— A propos, monsieur Félix, dit le docteur en versant à boire au jeune neveu, vous ne nous avez pas dit si votre mariée était jolie.

— Mais oui, monsieur, c'est une brune assez piquante... mais de ces beautés un peu communes.

— Est-ce que ce sont des gens de la campagne?

— Pas tout à fait, mais de la banlieue; ce sont des habitants de Belleville... Le père de la mariée est maître maçon.

— Comment se fait-il que vous ne soyez point au repas de noces?

— Ah! on le désirait bien... mais j'avais promis à mon oncle... je ne pouvais pas lui manquer de parole...

— Il n'aurait plus manqué que cela! dit M. Monlaurent, pour aller avec vos maîtres maçons... vos Dufilet...

— Mon oncle, ce sont de très-honnêtes gens...

— Ils ne font que leur devoir en étant honnêtes!

— C'est vrai, mon cher client, dit le docteur, mais il y a tant de gens qui ne le font pas... On s'amuse quelquefois beaucoup à ces noces d'industriels... Où se fait celle-ci?

— Au parc Saint-Fargeau, un traiteur dans le haut de Belleville qui a un grand jardin avec une pièce d'eau...

— Est-ce qu'on peut se noyer? murmure Félicien.

— On a le droit de se noyer, mais je ne crois pas que ce soit dans cette intention que M. Merluchet y célèbre la noce de sa fille.

— Merluchet!... ah ! le nom est déjà amusant ! et on dansera le soir?

— Oh oui, il y a une salle de danse dans le jardin.

— Et vous ne retournerez pas danser un peu à cette noce?...

— Mais... je l'ai promis... et... si je le puis...

L'amphitryon, qui semble écouter cette conversation avec impatience, dit tout à coup :

— Laissez-nous un peu en repos, monsieur mon neveu, avec vos Merluchet et vos noces de guinguettes. Ce n'est pas pour causer de pareilles turpitudes que j'ai réuni aujourd'hui du monde chez moi; messieurs, c'est mon jour de naissance, j'ai aujourd'hui soixante et un ans.

— Ah ! je vous aurais cru bien plus âgé ! murmure un des vieux convives qui n'avait encore rien dit.

— Eh bien, il est gentil, ce monsieur! dit le docteur à l'oreille d'Emma. Il n'avait pas encore parlé, mais il commence bien!

— Oui, monsieur, reprend l'amphitryon, j'ai soixante et un ans, et je me flatte d'avoir honnêtement fait ma fortune et rempli mes devoirs de père de famille.

— Qui en doute? s'écrie le pharmacien en tendant son verre au docteur.

— Pardon, monsieur Sinuant, mais veuillez me laisser parler sans m'interrompre. Je ne crois donc pas que l'on ait le plus léger reproche à m'adresser. Mais cela ne suffit pas, j'ai voulu que mes enfants fussent dignes de leur père, qu'ils me fissent honneur un jour, afin que l'on pût dire : *Talis pater, talis filius*, et je les ai élevés en conséquence. Aujourd'hui, je me plais à leur rendre justice, ils ont répondu à mes espérances.

Ici, les trois fils se lèvent et saluent profondément leur père, qui continue :

— Félicien, mon aîné, est un modèle de sagesse, il ne s'est jamais dérangé du droit chemin. Son notaire est très-satisfait de lui; un jour il le remplacera, je lui donnerai de quoi acheter une étude. En attendant, il est tous les jours couché à dix heures : je crois que c'est le plus bel éloge qu'on puisse faire de sa conduite... *Ab uno disce omnes!*

Le pharmacien échange un regard avec le médecin, qui en échange un autre avec le neveu, qui se retourne pour ne point voir le nez de madame Sarget et éclater de rire.

M. Monlaurent poursuivit son *speech* :

— Mon second fils Adolphe n'est pas tout à fait aussi rangé que son frère aîné, mais cependant je n'ai point de reproches à lui faire... il est surtout d'une sobriété remarquable!... Ce n'est pas à lui que vous feriez jamais accepter du vin pur. Son commerçant en très-content, et lui donnera incessamment un intérêt dans son commerce, c'est une chose convenue.

Pendant cette partie du discours de son père, le jeune Adolphe est devenu rouge comme une cerise, et a tenu constamment ses yeux baissés sur son assiette.

— Mon troisième fils Victorin n'a pas le caractère aussi calme que ses frères. Il y a dans sa tête un grain d'ambition, il veut absolument faire fortune! Ce désir n'est pas blâmable quand, pour le satisfaire, on n'emploie que des moyens honorables, tels que le travail, la persévérance, la patience, et que l'on montre une grande exactitude dans ses engagements. Du reste, Victorin ayant toujours été très-soumis à mes conseils, je ne doute pas qu'il ne réussisse un jour. En attendant, son banquier est étonné de la promptitude avec laquelle il calcule. Ma fille Emma n'a encore que quinze ans. J'attendrai qu'elle ait vingt ans pour la marier : c'est à cet âge que la santé d'une femme est bien établie.

— Mademoiselle a déjà l'air de très-bien se porter! murmure le docteur.

— J'ose donc me flatter, messieurs, d'avoir bien élevé mes enfants. Je les ai mis dans le droit chemin, ils n'en sortiront pas, j'en ai la ferme assurance. Je crois donc que je puis maintenant, sans encourir de reproches, abandonner le fardeau des affaires et ne plus m'occuper que du soin de ma santé, qui n'est pas bonne... il s'en faut.

— Nous vous rendrons la santé!... nous ferons de vous un bon vivant comme nous, s'écrie le docteur. Mais avant tout, mon cher monsieur, il faut suivre nos ordonnances, boire du vin, manger du rôti, et laisser là vos radis, votre cresson et votre chicorée, qui vous abîment l'estomac!

— Docteur, je crains que vous ne connaissiez pas encore bien mon tempérament.

— Il n'y en a pas qui résisterait au régime que vous suivez! Mais assez parler de maladie! Je n'aime point à donner des consultations en dînant. Monsieur Monlaurent, permettez-moi une réflexion : vous nous avez fait l'éloge de messieurs vos fils... éloge qu'ils méritent, je n'en saurais douter... mais vous ne nous avez rien dit de M. votre neveu, ni de vos intentions à son égard... La physionomie de M. Félix prévient tellement en sa faveur, que je me suis senti tout de suite disposé à être de ses amis. Voyons donc, cher monsieur, ce que vous comptez faire de ce jeune homme-là, auquel je m'intéresse déjà?

— De mon neveu!... je n'en ferai rien du tout... Je voulais l'élever comme mes fils... mais il n'y a pas eu moyen!... il ne m'a jamais obéi, lui!...

— Ecoutez donc, tous les jeunes gens n'ont pas le courage de se coucher à dix heures... il faut pour cela une constitution toute particulière...

— Mon neveu, puisque vous me forcez à vous le dire, a tous les défauts! Il aime le jeu, la table, le vin et... le reste!

— Ah! mon oncle! s'écrie Félix, je n'aime cela que... comme tout le monde... comme tous les jeunes gens aiment les plaisirs...

— Tout le monde!... les jeunes gens!... mais voyez vos cousins, monsieur, est-ce qu'ils ont aucun de ces défauts-là?...

— Si mes cousins sont des phénomènes... certainement je ne me flatte pas de leur ressembler...

— Oh! non, vous ne leur ressemblerez jamais! je le sais bien.

— Allons, mon cher client, vous êtes sévère pour votre neveu. Un peu d'indulgence... Je me connais assez en physionomie, et je lis dans celle de M. Félix qu'il sera un jour digne de son oncle.

— Merci, monsieur, merci de la bonne opinion que vous avez de moi! dit Félix en tendant sa main au docteur. Quoi qu'en dise mon oncle, je m'efforcerai de la justifier.

Le dîner se termine assez froidement, car si M. Monlaurent laissait boire ses invités, en revanche il ne les excitait pas à redoubler, et, loin de donner l'exemple, continuait à se servir d'une carafe et à en offrir à ses fils, qui n'osaient pas refuser de son contenu.

On a quitté la table pour passer au salon. Là, comme M. Monlaurent déteste le jeu, il faut passer la soirée à causer, à moins que la jeune Emma ne consente à se mettre au piano.

Déjà le pharmacien s'est éclipsé; le docteur, qui prévoit tout l'agrément que lui offrira cette soirée, s'approche de Félix et lui dit à l'oreille :

— Est-ce que vous ne retournerez pas à la noce Merluchet?

— Oh! si fait... je l'ai promis, et d'ailleurs je suis sûr que ce sera fort drôle.

— Voulez-vous m'emmener avec vous?

— Très-volontiers, docteur, avec grand plaisir même...

— Mais pensez-vous que cela ne contrariera pas les mariés ou leurs parents?

— Bien au contraire, plus j'amènerai de monde, et plus ils seront contents... D'ailleurs le marié est mon frère de lait!...

— Alors c'est convenu, Dans cinq minutes nous filerons... vous d'abord, pendant que j'occuperai votre oncle, que je lui parlerai de sa santé. Puis je vous rejoindrai en bas... nous prenons un milord, et en route pour Belleville.

— C'est cela... c'est cela... mais occupez bien mon oncle, car s'il me voyait me diriger du côté de la porte, il serait capable de m'appeler pour me faire rester.

Tout s'exécute bientôt comme le docteur Choubert l'a annoncé. Il prend M. Monlaurent dans un coin et l'y tient assez longtemps en lui prescrivant de ces potions, de ces remèdes innocents qui, s'ils ne font pas de bien, ne peuvent point faire de mal. Puis il s'éloigne, et trouve en bas Félix, qui lui dit :

— Mon oncle n'a pas vu que j'étais parti, il ne m'a pas demandé?

— Eh non! soyez donc tranquille! D'ailleurs il est neuf heures et demie. Toute cette société-là va sans doute songer à se coucher!... Nous autres, allons nous amuser, je ne sais pas si c'est très-sain, mais je suis certain que cela est plus agréable.

VI

LA NOCE MERLUCHET

Tout en faisant la route en cabriolet, Félix raconte au docteur ce qui s'est passé le matin à la mairie quand est venu le tour des fiancés Dufilet. M. Choubert rit beaucoup de cette anecdote, et dit à Félix :

— Pourquoi donc ne nous avez-vous pas régalés de ce récit au dîner, cela aurait égayé un peu le repas, qui ne brillait pas par l'animation ?

— Oh! je me serais bien gardé de conter cela devant mon oncle! Je le connais, il m'aurait grondé, il aurait trouvé très-mauvais que j'aie apporté le marié devant le maire avec un seul pied chaussé.

— Puisque sans cela son mariage était manqué! Tenez, mon cher monsieur Félix, je ne suis médecin de votre oncle que depuis fort peu de temps, mais entre nous, je crois qu'il a suivi une fausse route, aussi bien avec ses fils qu'avec sa santé. J'ai bien examiné vos trois cousins; ils tremblent devant leur père, mais qu'est-ce que cela prouve? Que s'ils ont des défauts, des vices même, ils les cachent soigneusement et dissimulent adroitement leurs penchants. Qu'en arrivera-t-il? c'est qu'une fois leurs maîtres... et cela ne tardera pas, car M. Monlaurent a en effet une fort mauvaise santé, qui ne résistera pas longtemps à la mauve, au cresson et à la petite chicorée; eh bien, alors messieurs ses fils se dédommageront largement de la contrainte qu'ils s'imposent en ce moment. Alors, je ne crois pas que le grand Félicien continuera de se coucher à dix heures, que le gros Aldophe refusera de boire du vin pur, et que le maigre Victorin déclarera qu'il a horreur des cartes et du billard. Tenez, je n'ai vu d'aimable chez M. Monlaurent que votre cousine Emma. Celle-là et douce, naïve, et, bien que timide, elle ne cache pas ce qu'elle pense; ce sera une charmante femme. Seule, elle a parlé en votre faveur à son père. Vos cousins n'ont pas dit un mot!

— Ils auraient craint de fâcher leur père.

— On ne doit jamais craindre de défendre les absents. Il y a ensuite un vieille parente... que je ne connaissais pas encore... Mais je n'ai vu que son nez, il m'a caché tout le reste de sa figure.

— C'est madame Sarget, une bonne femme, mais qui ne peut pas me sentir!

— Si c'est une bonne femme, pourquoi ne peut-elle pas vous sentir?

— Parce qu'un jour j'ai eu le malheur de me moquer de son nez!

— Mon cher ami... vous êtes jeune, rappelez-vous ceci: avec les femmes, vous pouvez les gronder, les tromper, les trahir, les ruiner même... elles vous le pardonneront encore; mais si vous attaquez leur physique, elles ne vous le pardonneront jamais.

— Nous voici devant le restaurant du parc Saint Fargeau.

— Et j'entends le son des violons... Allons, il ne faut plus songer qu'à nous amuser, et pour cela il y a un moyen immanquable!

— Quel est-il?

— C'est de nous mettre sur-le-champ au niveau des personnes que nous allons trouver. Par conséquent, si tous les gens de la noce sont gris, il faut nous griser aussi pour être à l'unisson.

— Vraiment, vous employez ce moyen-là?

— Toujours et pour tout; aussi, dernièrement j'étais invité à une soirée chez une dame du demi-monde... J'arrive... Entrant dans le salon où il y avait six ou sept dames, je les trouve chacune assise sur les genoux d'un cavalier; un seul monsieur était solitaire sur sa chaise, aussitôt je m'approche de lui et le salue en lui disant: « Voulez-vous permettre que je m'asseie sur vos genoux, afin que nous soyons au diapason de la société?... Ma proposition fit beaucoup rire tout le monde...

— Et alors?

— Et alors ces dames se levèrent. Cocher, vous allez entrer là et nous attendre.

— Oui, bourgeois.

— Et vous vous ferez donner à boire.

— Volontiers, bourgeois.

La salle de danse était dans le jardin, et couverte en cas de pluie. Il y avait un orchestre composé de trois violons, un piston et une grosse caisse; chacun jouait ou tapait comme quatre, et les cinq musiciens faisaient autant de bruit que s'ils avaient été vingt. Mais aussi on ne leur épargnait pas les verres de vin; on ne les épargnait à personne; et lorsque Félix arriva avec son nouvel ami, tous les hommes étaient gris ou à peu près, et quelques dames étaient à la hauteur de ces messieurs.

— Fichtre! dit le docteur en approchant du bal, je sens la matelote ici!

— Vous êtes bien honnête, docteur: ça sent le vin, c'est cette odeur-là qui domine...

— Nous aurons pas mal à faire pour nous mettre au niveau de tous ces gaillards-là!

Les dames étaient en train, un quadrille venait de commencer, et pour la première fois de la soirée le marié était parvenu à danser avec sa femme. Mais dès qu'il aperçoit Félix, Dufilet, au lieu d'aller en avant d'eux, s'arrête en criant:

— Mon frère de lait!... ah! bravo! voilà mon frère de lait... Arrêtez, la musique... il va danser!... Arrêtez donc. Sont-ils bêtes, ils vont toujours!...

Dufilet quitte sa femme et court à Félix, qui lui dit:

— Achève donc ta contredanse, tu me parleras après...

— Non, non... je veux que tu danses à ma place avec la mariée... Tu es garçon d'honneur, ça te revient de droit... Arrêtez donc, la musique!...

— Mais je danserai plus tard... Je t'amène un de mes amis, un médecin qui aime à s'amuser.

— Oh! tant mieux... Tu es bien gentil d'être venu... Tu n'amènes qu'un ami, ce n'est guère, il fallait en amener au moins quatre...

— Monsieur, dit le docteur, je tâcherai de me mettre en quatre pour vous être agréable.

— Ah! monsieur! vous entendez bien que je dis ça... pour dire quelque chose... Vous accepterez bien un verre de vin!

— Comment donc! mais j'en accepterai plusieurs même!

— Ah! bravo! Ah! vous êtes un luron!... Ah! vous allez joliment coïncider avec nous!

— Je coïnciderai de mon mieux...

— Ohé, Dufilet! c'est à vous de danser... venez donc à votre place...

— Du tout! c'est mon frère de lait qui me remplace... Arrêtez donc, la musique!...

Enfin le chef d'orchestre, qui aperçoit les gestes du marié, fait taire ses musiciens, ce qui produit un singulier effet dans le bal: les hommes restent une jambe en l'air, les femmes achèvent toutes seules leur *balancez*, et M. Grandcerf, dont le clou a percé pendant le dîner, et qui fait vis-à-vis à la mariée, s'écrie:

— Eh bien! qu'est-ce que cela veut dire?... Comment! quand j'allais faire le plus bel entrechat... car je me sens léger comme une plume depuis que j'ai percé... Voilà la musique qui s'arrête... Ohé, l'orchestre! à quoi pensez-vous donc là-bas?... Allons donc!... chaud! chaud!... et surtout jouez-nous la *Petite Laitière*... J'y tiens! oh! j'y tiens beaucoup.

— Mais, monsieur Grandcerf, on ne peut pas la jouer toutes les fois, dit la mariée, et tout à l'heure encore on l'a dansée.

— Ça m'est égal, tout à l'heure je ne dansais pas devant vous, belle Laurette, je veux la *Petite Laitière*, parce qu'on embrasse son vis-à-vis.

— Est-il embêtant avec sa *Petite Laitière!* murmure la mariée.

Mais Dufilet amène Félix à sa femme, en lui disant:

— Voilà mon remplaçant... Mon frère de lait va danser avec toi... hein! T'en es pas fâchée, j'en suis sûr?

— Oh! non!... c'est bien aimable à monsieur d'être revenu...

— M'avez-vous gardé de votre jarretière?

— Mais oui... je ne me la suis pas laissé prendre exprès...

— Hein! dites donc, mon frère de lait, ma femme ne s'est rien laissé prendre pour vous le garder... c'est gentil ça!... Ohé! la musique! vous allez recommencer tout le quadrille, comme si on n'avait rien fait!...

— Et défends-leur de jouer la *Petite Laitière,* dit la mariée à l'oreille de son époux, parce que je ne veux pas être embrassée par M. Grandcerf.

— Ah! est-elle malicieuse ma femme... entendez-vous, monsieur Félix? Sois tranquille, je vais le dire à l'orchestre... Ah! tu ne sais pas... Laurette, mon frère de lait nous a amené un médecin... c'est agréable... faut tâcher d'être malade, on nous soignera tout de suite.

— Merci, j'aime mieux me bien porter... Va donc avertir l'orchestre.

— Je m'y envole.

Félix remarque que la mariée, qui le matin disait *vous* à son mari, le tutoie maintenant comme si elle n'avait jamais fait que cela; d'où il conclut que depuis le repas il y a eu plus d'intimité entre les époux.

Pendant que la danse reprend, le docteur fait connaissance avec la famille de la mariée. Et cette connaissance se fait naturellement le verre à la main: il y a une certaine classe qui ne comprend pas une conversation à sec.

Le maître maçon était assis devant une table placée tout contre la danse, et sur laquelle une énorme quantité de bouteilles vides et pleines attestaient les exploits que l'on avait faits et ceux que l'on espérait y ajouter encore.

Le papa Merluchet, rouge ou plutôt violet comme une betterave, était entouré d'une demi-douzaine d'amis qui trinquaient avec lui, et avec lesquels il pérorait et se perdait dans des phrases qu'il ne comprenait pas ni ses auditeurs non plus, ce qui faisait que tout le monde était dans l'admiration.

Duflet présente le docteur à son beau-père en lui disant :

— Voilà un ami de mon frère de lait... qui est médecin... c'est-à-dire, non, voilà un médecin qui est ami de mon frère de lait... un bon vivant!... et qui vient s'amuser et trinquer avec nous!... papa Merluchet.

Sur le seul mot de trinquer, le maître maçon se lève, et présente un verre plein au docteur, en disant d'une voix pâteuse :

— Monsieur, si vous êtes ami de son ami, vous êtes le nôtre... et je vous en crois capable... parce que, comme dit le proverbe : « Les amis de nos amis... » vous savez le reste.

— Oui, monsieur, dit le docteur en prenant le verre qu'on lui offre, et je saisis avec joie cette occasion de faire connaissance avec vous et avec l'honorable société !

Cette réponse et la manière dont elle est dite cause un tel plaisir à la société que, dans son ravissement et pour trinquer un des premiers avec le docteur, un des buveurs casse son verre contre le sien. Mais un garçon s'empresse de lui en donner un autre, et cet incident cause une hilarité générale.

— Messieurs, dit le docteur Choubert, je porte la santé de M. Merluchet, ici présent, et de la charmante mariée, sa fille... et je fais rubis sur l'ongle!

En disant cela, le docteur vide son verre d'un trait; cette action enchante tous les buveurs, qui veulent imiter un ami rude jouteur, et dont les trois quarts avalent de travers pour tâcher de faire aussi rubis sur l'ongle. Cette première rasade accomplie, le docteur fait de nouveau emplir son verre, et l'élève en disant :

— Je porte cette seconde rasade au marié, monsieur Duflet, et à toute l'aimable société, pour laquelle je fais également rubis sur l'ongle!

Et le docteur avale encore d'un trait. L'enthousiasme augmente, la société éclate en bravos, le maître maçon veut commencer un discours, mais, avant qu'il soit parvenu à en trouver le premier mot, le docteur a de nouveau fait emplir son verre, et le lève en l'air en disant :

— Cette fois, je bois au bonheur des nouveaux époux, à leur prospérité et aux charmants rejetons qu'ils ne sauraient manquer de procréer... Toujours rubis sur l'ongle, messieurs!

Cette troisième rasade cause des transports de joie frénétiques. Les buveurs sont dans l'ivresse. Ils applaudissent, ils frappent sur la table, ne trouvant pas d'autres moyens pour exprimer leur admiration que de faire un tapage infernal. C'est au point que la danse en est émue et demande ce qui se passe, ce qui cause ces clameurs, et un jeune dadais vient dire aux danseurs :

— Oh ! c'est un crâne buveur! c'est un monsieur qui les enfonce tous là-bas... il a fait trois rubriques sur son ongle ! il va les griser tous.

— Il n'aura pas beaucoup de peine, dit une maman, ils le sont déjà aux trois quarts.

Le docteur s'est arrêté après sa troisième rasade. M. Merluchet, qui est enfin parvenu à trouver le début de son discours, se lève et s'écrie :

— Messieurs... voici un convive qui nous prouve... qui nous prouve... que la grandeur de l'homme peut s'élever jusqu'à... jusqu'à la sphère la plus étendue... Je ne crois pas qu'on me démente en disant que je suis son ami, à la vie, à la mort... et même je dirai plus... je dirai plus... et même... qu'est-ce que je disais?...

Le docteur, qui voit que le beau-père ne parviendra jamais à finir son discours, le tire d'embarras en se mettant à crier à tue-tête : « Vive monsieur Merluchet! »

Tous les buveurs font chorus, et le maître maçon, enchanté du succès qu'il croit avoir obtenu par son éloquence, juge convenable de se jeter dans les bras du docteur et de le presser sur son cœur avec un attendrissement qui menace de tourner au larmoyant. Heureusement une dispute qui part de la danse arrête les pleurs prêts à couler des yeux de M. Merluchet.

M. Grandcerf, homme très-entêté, et qui d'ailleurs était vexé de voir la mariée danser avec un élégant jeune homme qu'il ne connaissait pas, tandis que lui, ami intime du père Merluchet, et qui, sans son clou, aurait été garçon d'honneur, n'avait pas encore pu obtenir un seul quadrille, M. Grandcerf enfin espérait au moins se dédommager en embrassant la belle Laurette pendant la figure de la *Petite Laitière*. Mais déjà le *Pantalon*, l'*Eté*, la *Poule* et la *Pastourelle* venaient d'être dansés, et point de *Petite Laitière;* enfin, lorsque ce monsieur compte sur cette figure pour la fin, c'est la ritournelle d'un galop que l'orchestre exécute.

Aussitôt M. Grandcerf, furieux, s'écrie :

— Ce n'est pas cela, musiciens, nous ne voulons pas de galop ! c'est la *Petite Laitière* que nous voulons. Jouez-nous la *Petite Laitière!*

Mais la mariée se met à crier de son côté :

— Si, si, le galop, c'est le galop que je veux, moi !

Naturellement Félix, devant soutenir sa danseuse, crie aussi :

— Oui, oui, le galop ! le galop! pas de *Laitière*, c'est trop *rococo*.

Et tous les jeunes gens qui dansent, voulant plaire à la mariée, s'empressent de crier :

— Oui, le galop ! pas de *Laitière*, pas de *rococo!* à bas le *rococo!*

M. Grandcerf devient verdâtre; il s'imagine que c'est lui qu'on appelle *rococo*, et au moment où Félix commence à galoper avec la belle Laurette, il se jette sur eux pour les arrêter. Mais Félix et sa danseuse sont solides, ils vont toujours leur train. M. Grandcerf, ne sachant comment les empêcher de continuer, saisit une basque de l'habit du jeune homme et se pend après. Félix galope toujours, tout en criant à ce monsieur :

— Voulez-vous me lâcher... voulez-vous lâcher mon habit... avez-vous bientôt fini ?...

Mais Grandcerf, qui est obligé de galoper aussi pour tenir le pan de l'habit, et qui est tout essoufflé, répond, tout en sautant:

— Monsieur, vous me rendrez raison... vous vous êtes permis de m'appeler Rococo!... ça ne me va pas !... Je ne sais pas d'où vous sortez... mais ça ne se passera pas comme ça!...

— Lâchez toujours mon habit, nous nous expliquerons après.

— Non, je ne le lâcherai pas ! Ah ! je suis un Rococo !... eh bien, vous en êtes un autre!

— Je ne crois pas... Si vous déchirez mon habit, vous me le payerez...

— Compte là-dessus, intrus !...

— Ah çà! mais il a donc le diable au corps, ce vieux-là !

— C'est M. Grandcerf, dit la mariée ; il est vexé parce qu'il devait être mon garçon d'honneur...

— Ah ! c'est le monsieur au clou ?

— Justement.

— Et il danse ce soir?

— Il paraît qu'il a percé au dessert.

— Comme c'est heureux pour le bal!

Et Félix se retourne en disant :

— Monsieur Grandcerf, vous allez vous faire du mal à galoper comme ça après ce qui vous est arrivé aujourd'hui! Il vous viendra un autre clou !

— Oh ! je ne boite plus, monsieur, je suis guéri; c'est ce que je vous ferai voir !

— Oh non, par exemple, je ne veux pas voir ça ! merci... mais lâchez donc mon pan !

Loin de lâcher, le vieux garçon d'honneur essaye de prendre un autre pan de l'habit; mais dans ce mouvement il ne voit pas deux jeunes gens qui se sont mis à galoper ensemble dans le but de renverser ce monsieur qui s'acharne après le danseur de la mariée; et en effet, les deux galopeurs se jettent avec tant de force sur Grandcerf, que celui-ci, étourdi du coup, lâche ce qu'il tenait et tombe au milieu de la danse, recevant de tous côtés des coups de pied des couples qui passent contre lui en galopant.

Alors le malheureux Grandcerf fait retentir le bal de ses cris :

— Au secours! à moi... à la garde! on me foule aux pieds...

on me trépigne... on marche sur moi comme sur du chiendent!

Ce sont ces cris qui sont parvenus aux oreilles des buveurs au moment où M. Merluchet pressait avec attendrissement M. Choubert dans ses bras. Le docteur se hâte de se débarrasser des bras du maître maçon, tout le monde accourt au bal, les galopeurs sont bien obligés de s'arrêter. On trouve M. Grandcerf à quatre pattes et jurant comme un possédé. On le relève; il est fort sali, mais il n'a pas d'autres blessures qu'une contusion à l'oreille. Cependant il prétend qu'il est blessé partout.

Le docteur le tâte, le palpe, l'examine et lui dit :

— Vous n'avez rien, quelques contusions peut-être, une égratignure à l'oreille, mais pas autre chose.

— Si, monsieur! je vous dis que je suis blessé ailleurs... je suis tout fracturé.

— Alors, monsieur, déshabillez-vous, nous allons vous visiter à nu.

A cette proposition du docteur, toutes les femmes se sauvent, parce qu'elles ne veulent pas voir M. Grandcerf dans le costume d'Adam et Eve. Et Dufilet dit à ce monsieur :

— Comme c'est heureux que vous soyez blessé pendant que nous avons un médecin ; comme ça se trouve bien... avez-vous eu du nez !

Cependant M. Grandcerf ne veut point se déshabiller; il consent à se laisser seulement bassiner l'oreille.

— Mais enfin pourquoi êtes-vous allé vous fourrer parmi les galopeurs ? demande M. Merluchet. Ce n'était pas votre place, mon vieux, il valait bien mieux venir trinquer avec nous. Et ce cher docteur... voilà un homme, celui-là!... et qui fait des... des choses sur l'ongle... c'est magnifique.

— C'est monsieur qui est cause de tout cela ! s'écrie Grandcerf en désignant Félix. Il m'a insulté... il m'a appelé Rococo...

— Mon frère de lait! c'est pas possible! c'est pas vrai!

La belle Laurette, qui ne s'est pas sauvée comme les autres lorsqu'on a parlé de déshabiller M. Grandcerf, probablement parce qu'en sa qualité de nouvelle mariée elle pense devoir s'habituer à voir bien des choses, prend la parole et raconte comment tout s'est passé.

Lorsqu'on apprend l'entêtement de M. Grandcerf à vouloir danser la *Petite Laitière*, malgré le désir formel de la mariée; lorsqu'on sait qu'il s'est pendu après le pan de l'habit de Félix pour l'empêcher de galoper, et que celui-ci montre son habit qui est pas mal décousu, un hourra s'élève contre M. Grandcerf, tous les jeunes gens lui rient au nez, tous les hommes mûrs le blâment, toutes les femmes se moquent de lui; alors, oubliant qu'il s'est dit blessé, et se levant comme un ressort, il enfonce son chapeau sur sa tête et repousse tout le monde en disant :

— Ah! c'est ainsi que l'on se conduit avec moi!... que l'on traite un ancien ami... Adieu, j'en ai assez de votre noce... vous êtes tous des manants...

Et M. Grandcerf s'éloigne, accompagné par les clameurs de la société. Et la mariée saute de joie en s'écriant :

— Ah! quel bonheur! nous en voilà débarrassés... il cherche toujours des disputes ce vieux-là!... je n'aurai pas l'ennui d'être obligée de danser avec lui.

VII

UNE MALICE DE M. DARDARD

Le départ de M. Grandcerf est presque aussitôt suivi de l'arrivée de M. Dardard, le factotum général du pays. Celui-ci, toujours gai, toujours frétillant, toujours bavard, arrive en s'essuyant le front, et va donner des poignées de main à tout le monde en disant :

— Me voilà... J'espère que votre bal n'est pas fini... J'ai été à trois noces... Je viens de celle Gigoteau... c'était bien... c'était gai... on a bu de l'eau-de-vie brûlée, c'est très-bon dans la nuit, ça redonne du nerf aux danseurs... Mais qu'est-il donc arrivé à M. Grandcerf, je viens de le rencontrer qui s'en allait en jurant comme un charretier! Je lui ai demandé ce qu'il avait, et pourquoi il quittait déjà votre noce; il m'a répondu un seul mot... très-énergique... mais que je ne vous répéterai pas... bien qu'il soit devenu célèbre! Puis il s'est éloigné comme un furieux... Je n'ai pas jugé à propos de le retenir.

— Et vous avez bien fait! nous en avons assez de ce monsieur, qui se dispute partout, dit Dufilet. Et la noce de Gigoteau est déjà finie?

— Oh! non, pas encore... ils veulent danser fort tard... mais je viens de leur jouer un tour... d'accord avec le marié... Ah! ah! comme on va être attrapé là-bas...

— Ah! voyons ce tour... Contez-nous ça, monsieur Dardard...

— Oui, contez-nous votre tour...

— Je le veux bien... Voilà ce que c'est : Figurez-vous que Gigoteau, le marié, me prend tout à l'heure à part et me dit : « Monsieur Dardard, ça m'ennuie qu'on veuille nous faire danser si tard... Mon amour en pâtit, parce que, enfin, vous comprenez... mais, dès que je cause avec ma femme, on vient nous entourer de peur que je ne l'emmène. Tout ça ennuie ma femme aussi, parce que... vous comprenez toujours, elle participe à mes sentiments. Alors, voilà ce que j'ai imaginé : vous prendrez ma femme sous votre bras, vous vous promènerez avec elle dans le bal, on ne se méfiera pas de vous.. on ne vous suivra pas, et puis, en ayant l'air de la mener boire, crac! vous enfilez l'escalier et vous partez avec elle, et vous la conduisez chez moi : elle ne connaît pas mon logement, que je viens de louer exprès pour nous deux... Mais vous savez où c'est... rue des Rigoles, 18... au second; j'ai laissé exprès la clef sur ma porte, vous mettrez seulement ma femme dans la maison, elle montera bien toute seule... Ça vous va-t-il, voulez-vous me rendre ce service-là? » Avec grand plaisir! dis-je à Gigoteau, qui reprit : « Moi, je resterai encore un bout de temps pour ne pas avoir l'air d'être le complice de la chose... Ah! en même temps, puisque vous conduisez ma femme chez moi, faites-moi donc le plaisir de ramener chez lui le petit Fourniquet... Voilà deux heures qu'il a mal au ventre et demande à s'en aller... Mais ce petit n'a que six ans, on ne peut pas le renvoyer la nuit tout seul, et je n'ai pas voulu inviter à ma noce son frère, qui est pompier, parce que c'est un mauvais sujet qui est trop farceur et qui se moque de tous les maris... Vous comprenez; à présent que j'entre dans la corporation, je ne dois plus souffrir qu'on les attaque. — Fort bien, dis-je, mais où loge le petit Fourniquet?

« — Chez son frère... dans la même rue des Rigoles, deux maisons avant la mienne, ça ne vous dérangera pas du tout! »

J'acceptai avec grand plaisir cette proposition. Gigoteau courut prévenir sa femme, puis j'allai lui offrir mon bras comme pour faire un tour dans la danse; elle accepta en souriant... Nous nous promenâmes un peu... moi, je riais sous cape du tour que nous allions jouer... j'aime beaucoup faire des farces. Enfin, saisissant un moment favorable, nous sortons de la salle, nous descendons l'escalier, nous trouvons en bas le petit Fourniquet qui nous attendait, en se tenant le ventre, et nous avons filé lestement pour la rue des Rigoles. Là, j'ai fait ce que l'on m'avait prescrit; j'ai dit à la mariée : « C'est dans cette maison que demeure votre mari; montez au second, la clef est sur la porte, couchez-vous, il ne tardera pas à venir vous retrouver. » Puis j'ai mis le petit Fourniquet à sa porte en lui disant : « Tu sais où tu loges, va te coucher, » et je suis parti, et me voilà... Ah! ah! ah!... les autres vont chercher la mariée, ils croiront que je l'ai enlevée pour mon compte... ah! ah! ah!... j'espère que j'ai bien travaillé... aussi je demande à me rafraîchir.

Tout le monde applaudit M. Dardard, mais la belle Laurette s'écrie :

— Eh bien, moi, je ne ferai pas comme la mariée Gigoteau, je ne veux pas qu'on m'enlève, et je veux danser très-tard, et si ça déplaît à Dufilet, tant pis pour lui!

— Par exemple!... mais ça ne me déplaît pas, au contraire! dit Dufilet, je coïncide aux sentiments de mon épouse.

On applaudit derechef, puis on ne songe plus qu'à danser, car ces divers incidents ont interrompu le bal, et les dames veulent se dédommager.

Le docteur, parmi cette foule plébéienne qui l'entoure, a remarqué une grosse blonde toute ronde, toute boulotte, mais très-blanche de peau, et qui a un petit pied et une fort jolie jambe pourvue de mollets qu'elle ne cherche pas à cacher, bien au contraire, car en dansant elle retrousse sa robe comme si elle voulait sauter un ruisseau. Les médecins sont généralement amateurs de jolies jambes, et ils ont raison, c'est moins trompeur que beaucoup d'autres charmes; il va donc inviter la grosse boulotte pour la danse, et celle-ci l'accepte pour son cavalier, en lui disant :

— J'étais invitée par le petit Blaise, mais tant pis, j'aime bien mieux danser avec vous, parce qu'il sue des pieds... et vous comprenez, plus il danse et plus il sent mauvais.

— Je puis vous assurer, madame, qu'avec moi vous n'aurez pas à éprouver ce désagrément !

— Oh ! je le crois, d'ailleurs ça se voit tout de suite... au contraire, vous sentez bon, vous ; vous êtes donc parfumé ?

— Mais non, seulement quelques gouttes d'eau de Portugal sur mon mouchoir.

— C'est égal, c'est bien plus agréable que les pieds du petit Blaise... Ah ! le voilà. J'en suis fâchée, Blaise... mais monsieur m'avait *reteinte*.

Le jeune Blaise est de bonne composition, il s'éloigne sans se fâcher.

On recommence un quadrille; tout en dansant, le docteur cause beaucoup avec sa danseuse, qui ne demande pas mieux. Après la première figure, il sait déjà qu'elle se nomme madame Tricoud, que son mari est marchand de bestiaux, qu'il voyage presque continuellement pour son commerce, et que cela l'ennuie souvent, parce que cela met du vide dans son existence.

— Et M. Tricoud est-il à cette noce ? demande le docteur.

— Mon Dieu non, il est encore allé en Normandie pour des bêtes à cornes; à l'entendre, on croirait qu'il n'y en a que là ! Il me semble pourtant que ce n'est pas une chose si rare !

— Ce que vous dites là est plein d'esprit !

— Ah ! ah !... farceur... vous voulez m'enjoler...

— J'avoue que je ne demanderais pas mieux... vous avez la plus jolie jambe du bal.

— Vous trouvez... A coup sûr, j'ai le pied plus petit que la mariée. Je m'en flatte... vous avez donc regardé ma jambe?

— Je n'ai fait que ça depuis que je suis ici...

— Ah ! est-il intrigant !... Toutes ces dames prétendent que je me retrousse trop haut en dansant !

— C'est par jalousie qu'elles disent cela, parce qu'elles n'ont pas autant de mollet que vous !...

— Ah ! il a vu mon mollet... dame, après tout, il faut bien se faire honneur de ce qu'on a de gentil.

Le docteur pense qu'avec cette maxime on pourrait se faire traduire en correctionnelle, mais il n'a garde de dire cela à madame Tricoud, avec laquelle il danse comme jamais de sa vie cela ne lui était arrivé. L'animation est devenue générale ; il règne à la danse un entrain extraordinaire ; pour l'augmenter encore, l'orchestre, auquel le marié a donné le mot, ne met pas de fin à son quadrille, qui dure déjà depuis une demi-heure. Quelques danseurs, qui n'en peuvent plus, ont abandonné la place, mais ils sont bien vite remplacés par d'autres. Madame Tricoud ne lâche point pied, elle ne cesse de dire à son danseur qu'elle serait de force à danser toute la nuit sans s'arrêter, et le docteur, qui n'en peut plus, commence à trouver qu'il y a trop de nerf dans les gros mollets. Tout à coup il envisage le nouveau couple, qui est venu remplacer leur vis-à-vis; il se demande où il a vu la figure du cavalier, qui se donne des grâces en dansant, et ne peut se le rappeler; mais celui-ci, en passant près de lui, sourit en lui disant :

— C'est moi, monsieur... votre cocher... On est venu m'inviter à m'amuser, ma foi, j'ai accepté... C'est une noce très-bien composée !

— Ah ! c'est vous... mon cocher... Je me disais aussi : Mais je connais cette figure-là... Très-bien, mon garçon, dansez !... donnez-vous-en... C'est seulement dommage que votre cheval ne puisse pas danser ; je suis persuadé qu'on l'aurait invité aussi !

— Oh ! mais je suis tranquille ! on a soin de lui, on le régale.

— Allons, se dit le docteur, décidément la noce Merluchet valait la peine d'être vue. Mais, sapristi ! ce quadrille dure trop longtemps... Je suis sur les dents... ma danseuse va toujours avec autant de vigueur... Je crois que cette femme-là peut me rendre des points. Elle ne parle pas sa langue très-purement, mais qu'elle gaillarde ! Son mari était né pour aller avec les bêtes à cornes.

Un bruit soudain interrompt cet éternel quadrille. Cette fois les cris partent du côté où sont réunis les buveurs. Le docteur profite de cette occasion ; il dit à madame Tricoud :

— On se querelle là-bas, allons voir ce que c'est.

La dame aux belles jambes préférerait continuer de danser, mais le docteur l'emmène, l'entraîne avec lui sans lui laisser le temps de répondre.

Un grand jeune homme paraissait furieux contre M. Dardard, qui buvait à la table où se tenait toujours le papa Merluchet.

— Tiens ! c'est Gigoteau ! s'écrient tous les danseurs en s'approchant.

— Qu'est-ce qu'il vient donc faire ici, Gigoteau, au lieu d'être à sa noce !...

Celui dont on parle donne bientôt l'explication de sa visite, en criant comme un possédé :

— Voyons !... c'est pas tout ça... nom d'un chien !... c'est ma femme qu'il me faut... Je veux ma femme... je vous l'ai confiée, monsieur Dardard, dans le but du complot que nous avions imaginé... Qu'en avez-vous fait ?

— J'ai fait ce que vous m'avez dit... ce dont nous étions convenus... Je ne comprends rien à votre colère... Est-ce que vous croyez que j'ai gardé votre femme pour moi... On voit bien que vous ne me connaissez pas... c'est une chose dont je suis incapable !

— Mais enfin, où avez-vous fourré ma femme ?... Nous convenons que vous la conduirez à mon logement au second, rue des Rigoles... Tout à l'heure je m'y rends... La clef était toujours sur la porte, pas de lumière dans la chambre... Je me dis : Ceci est la pudeur de l'histoire... elle est couchée... et justement j'entendais respirer dans le lit : je me déshabille, sans lumière, toujours pour ménager l'histoire de la pudeur... Je me couche... qu'est-ce que je trouve dans mon lit? un petit garçon, le petit Fourniquet... qui même y avait fait de vilaines choses. Je lui dis : « Qu'est-ce que tu fais dans mon lit, moutard ? » Il me répond : « Tiens ! je croyais que j'étais chez mon frère... C'est M. Dardard qui m'a mis à la porte de l'allée en bas, et m'a dit de monter, que la clef était sur la porte; je le savais bien, mon frère le pompier la laisse toujours. » Mais, ma femme, lui dis-je, elle a dû venir ici, pourquoi n'y est-elle plus ? Là-dessus, le petit Fourniquet se rendormit en me disant qu'il n'avait pas vu ma femme. Voyons, monsieur Dardard, qu'avez-vous fait de mon épouse ?... je veux entrer en possession de ma femme... M. le maire me l'a permis... Je vous ordonne de me la livrer.

Le factotum du pays se grattait le front et semblait très-intrigué; tout à coup il se tape sur la cuisse et s'écrie :

— Ah ! j'y suis... Oui, cela ne peut être que ça !... Rassurez-vous, Gigoteau, je devine où est votre femme... elle n'est pas perdue... nous aurons fait erreur, je l'aurai conduite chez le frère du petit Fourniquet... voilà tout...

— Chez le pompier !... vous avez mené mon épouse coucher chez le pompier... Ah ! mille coloquintes !... et vous me dites de me rassurer... Ah ! nom d'un nom... vous m'avez endommagé ma femme, monsieur ! c'est une horreur !

— Mais non, mais non... Tranquillisez-vous ! le pompier se sera bien aperçu que ce n'était pas son petit frère qui se couchait à côté de lui... Il aura dit à votre épouse : Ne bougez pas ! il y a erreur ! et il se sera empressé de se lever...

— Le plus souvent qu'il aura dit à ma femme ne bougez pas !... Avec ça que ce pompier est un très-mauvais sujet... Ah ! ma pauvre Toinon... si je te retrouve intacte, j'aurai de la chance... Venez, monsieur Dardard, venez vite avec moi... et si Toinon est endommagée... je vous en réserve une bonne...

— Comment ! vous m'en réservez !... est-ce que je l'ai fait exprès... est-ce que tous les jours on ne peut pas se tromper ?...

— Non, monsieur, quand il s'agit d'une nouvelle mariée, on fait attention !... Allons, en marche, et vivement !

Ce n'est qu'en rechignant que M. Dardard va avec le grand Gigoteau ; mais celui-ci le prend sous le bras et le force à l'accompagner ; quelques jeunes gens de la noce s'en vont avec eux pour connaître le dénoûment de cette aventure. Mais tous ceux qui restent s'écrient :

— Pauvre Gigoteau !... il est bien sûr de son affaire !... avec ça que Fourniquet le pompier est un séducteur fini !

— Et qu'il en voulait à Gigoteau, qui ne l'avait pas invité à sa noce.

— Sapristi ! dit Dufflet, si un événement pareil m'arrivait... je ne sais pas ce que je ferais !...

— Et vous auriez raison, mon gendre, balbutie le maître maçon, qui, à force de boire, ne peut plus se lever de dessus

Oh! mon Dieu! j'ai noyé mon oncle Miraut! (Page 10.)

sa chaise. C'est comme ça qu'un homme... qui est un homme doit se conduire !...

— Et pourtant, reprend le marié, j'aurais tort de craindre, parce que ma femme est une luronne qui saurait remettre un pompier à sa place.

— Oh! moi je n'ai peur de rien, dit Laurette, mais après tout c'est la faute à Gigoteau; il n'avait qu'à laisser sa femme danser au bal, et il serait ensuite parti tranquillement avec elle.

— La mariée a raison, dit madame Tricoud, et puis j'ai toujours remarqué que quand les hommes veulent faire des malices, ça leur retombe sur le nez!

Le jour commence à poindre, et le quadrille sans fin ayant beaucoup échauffé ces dames, elles demandent à se promener sur l'eau dans les bateaux qui sont dans l'établissement; ces messieurs s'empressent de souscrire à leurs désirs, et la belle Laurette veut avoir Félix pour rameur, parce que déjà, dans la journée, Dufilet a manqué de chavirer en lui servant de batelier.

Bientôt toutes les dames sont embarquées; mais comme les batelets ne sont pas grands, il y a très-peu d'hommes avec elles. Dufilet, qui est arrivé trop tard pour prendre place dans un bateau, se tient sur les bords de l'eau, en criant à tous ceux qui passent devant lui :

— Faites-moi un peu de place... Je parie que je saute d'ici dans votre batelet sans que vous vous arrêtiez !

— Je parie que non! répond le frère de la mariée, grand dadais qui est un peu gris, parce qu'il a voulu boire comme son père. Je gage une matelote pour ce matin.

— Ça y est !

Aussitôt Dufilet prend son élan et saute dans le bateau conduit par son beau-frère, et dans lequel il y a quatre dames et un vieil oncle de Dufilet. Le marié est en effet dans le bateau, mais il est tombé presque sur les épaules du vieil oncle, qui, pour ne pas le recevoir, se rejette en arrière, et, par ce mouvement, perdant l'équilibre, tombe dans le petit lac.

— Ah ! mon Dieu ! j'ai noyé mon oncle Miraux ! s'écrie Dufilet; il ne sait pas nager, il faut que je le repêche.

Aussitôt le marié, n'écoutant que son bon cœur, se précipite à son tour dans l'eau et cherche son oncle au milieu des ablettes qui pleuplent l'établissement. Mais la confusion devient générale : tout le monde voulant porter secours, tous les bateaux arrivent vers le lieu de l'accident, et déjà M. Merluchet, qui se tient sur la rive avec une perche, a repoussé deux fois l'oncle Miraux au fond de l'eau en voulant lui tendre la perche.

Heureusement d'autres plus adroits ont tendu la main à Dufilet, qui reparaît sur l'eau avec son oncle, qu'il a saisi par le fond de sa culotte; on le pousse sur la rive sans qu'il ait lâché le vêtement de son oncle; le père Miraux revient à lui et demande de l'eau-de-vie. Et Dufilet s'écrie :

— C'est égal, j'ai gagné le pari, la matelote... j'étais dans le bateau.

— Oui, mais tu as fait tomber ton oncle à l'eau.

— Ça ne lui aura pas fait de mal, il ne se baigne jamais.

Cet événement met fin au bal, car le marié est trempé et a besoin d'aller se sécher.

— C'est gentil! dit la belle Laurette à son mari. Vous ne faites que des bêtises aujourd'hui!... Si cela continue, qu'est-ce qui va donc arriver?

Dufilet serre la main à son frère de lait en lui disant :

— J'espère que vous viendrez nous voir à Paris, où nous serons en boutique dans huit jours !

— Monsieur me l'a bien promis! dit la mariée en souriant.

— Oh ! alors, Laurette, vois-tu, c'est comme si ça y était!...

Félix renouvelle sa promesse et cherche le docteur Choubert pour partir avec lui. Mais déjà le docteur avait quitté la noce avec madame Tricoud, et lorsque le jeune homme demande le cabriolet qui l'a amené, on lui apprend que le cocher s'est trouvé tellement gris qu'il a fallu le coucher dans un des cabinets du restaurant.

Mais le pas fini; alors, s'élançant dans la coulisse... (Page 21.)

VIII

LES TROIS COUSINS

Quelques jours sont écoulés depuis la noce de Dufilet avec la belle Laurette; Félix n'est pas retourné chez son oncle, et pourtant il aurait bien besoin que celui-ci vînt à son aide, car il a fait des dettes, et ce n'est pas avec les quinze cents francs qu'il gagne dans sa maison de commerce qu'il pourra parvenir à les payer. Mais il n'ose pas avouer son embarras à son oncle, qui le traite avec tant de sévérité et lui fait un sermon chaque fois qu'il le voit.

Un matin cependant qu'il a été plus harcelé que de coutume par son tailleur, son chemisier et son bottier, Félix se met en route pour se rendre chez M. Monlaurent; mais, dans la rue, il rencontre le docteur Choubert, qu'il n'a pas revu depuis la noce Merluchet. Ces messieurs vont l'un à l'autre en se tendant la main.

— Bonjour, docteur; je suis enchanté de vous rencontrer.

— Moi de même, mon cher monsieur Félix, d'abord parce que j'ai beaucoup de plaisir à vous voir; ensuite parce que je voulais vous remercier de celui que vous m'avez procuré en me menant à la noce de votre frère de lait.

—Vous êtes-vous vraiment amusé?

— Comme jamais cela ne m'était arrivé!... c'était à pouffer de rire; je me suis grisé avec le père de la mariée; j'ai dansé comme un perdu avec une grosse boulotte qui avait le rire facile; je me suis promené sur l'eau: je n'y suis pas tombé comme le marié, c'est vrai, mais j'y ai risqué une déclaration d'amour qui n'a pas été mal reçue... enfin j'ai dansé vis-à-vis de mon cocher, ce qui ne m'était pas encore arrivé... Il me semble qu'il faudrait être bien morose pour ne point être content de sa soirée... Ah! seulement, j'avoue que j'aurais voulu savoir la suite de l'aventure arrivée à ce pauvre M. Gigoteau qui ne retrouvait plus sa femme.

— Il l'a retrouvée... Trompée par les apparences, elle était entrée chez le pompier, mais celui-ci a juré sur son sabre qu'il ne s'était pas réveillé. A propos, comment êtes-vous revenu? Je n'ai pas retrouvé notre cabriolet.

— Parbleu! je le crois bien; sachant que mon vis-à-vis le cocher était ivre-mort, j'ai pris son cabriolet, dont je me suis servi pour reconduire chez elle ma conquête, madame Tricoud, après avoir eu soin de dire au traiteur à quel endroit mon cocher retrouverait son véhicule. Et vous êtes revenu à pied?

— Oui, avec plusieurs jeunes gens de la noce; mais comme en chemin ces messieurs s'amusaient à frapper à toutes les portes, à cogner sur toutes les boutiques, enfin à faire un tapage infernal, j'ai eu bien vite assez de leur société, et je les ai quittés.

— Et maintenant vous allez chez votre oncle...

— Oui... j'y allais...

— Eh bien, moi aussi; venez, nous nous y rendrons ensemble.

Au lieu de prendre le bras que lui tend le docteur, Félix pousse un soupir et ne bouge pas.

— Eh bien! qu'y a-t-il donc? s'écrie le docteur. Vous avez l'air soucieux, ce qui ne vous est pas habituel. Or, comme on ne sort pas de ses habitudes sans y être poussé par quelque événement nouveau, dites-moi ce qui vous arrive et ce qui vous fait soupirer.

— Eh! mon Dieu, docteur, ce n'est cependant pas un événement nouveau!

— Enfin, vous avez quelque chose; contez-moi cela: comme médecin, je vous guérirai, si cela tient au physique; comme aussi je tâcherai de vous consoler, si cela tient au moral.

— Eh bien! docteur, j'ai des dettes, et pas d'argent pour les payer!

— Alors je comprends votre visite à votre oncle; c'est tout simple: il est millionnaire, il doit payer vos dettes. Il vous grondera d'abord, cela n'est pas douteux! mais il finira par payer, parce qu'il faut toujours finir par là.

— Ah! voilà ce dont je doute. Mon oncle ne m'aime pas... parce que je bois du vin pur, que je joue quelquefois au billard, et que je ne me couche pas à dix heures... Mais en vérité, docteur, il me serait impossible d'être aussi sage que mes cousins!

— Je le crois bien, cela me serait impossible aussi, et je dirai plus : je serais bien fâché d'être sage comme cela.

— Mon oncle a déjà payé mes dettes une fois, mais en me faisant jurer de n'en plus faire!

— Est-ce qu'on doit faire jurer les jeunes gens, lorsque les hommes mûrs eux-mêmes manquent si souvent aux serments qu'ils ont faits.

— Mon oncle, qui est un homme à part, a toujours tenu ce qu'il a promis. Il veut trouver chez les autres la même fidélité.

— Si, parce que nous avons des vertus, il nous fallait exiger les mêmes vertus de tous ceux qui nous approchent, nous aurions fort peu d'amis, et même fort peu de connaissances.

— Enfin, j'ai bien peur que mon oncle ne me gronde beaucoup, et ne paye pas mes dettes.

— Vous devez donc une bien grosse somme?

— Je dois quatorze cents francs!

— Quatorze cents francs!... mais c'est une misère pour votre oncle... Il doit vous donner cela tout de suite!

— Oh! il ne les donnera pas tout de suite.

— Et pourquoi, en ce cas, ne vous adressez-vous pas à vos cousins? Entre jeunes gens, c'est un plaisir de s'obliger... Mais ils n'ont pas d'argent, peut-être?

— Si, ils en ont, leur père leur en donne: mais il leur défend de le dépenser, ce qui fait que c'est comme s'ils n'en avaient pas.

— Singulière famille!... Enfin, ces dettes ne sont point exigibles sur-le-champ... vous avez du temps devant vous?

— S'il n'y avait que le tailleur et les autres fournisseurs, ils attendraient peut-être encore; mais malheureusement j'ai fait un billet de mille francs à un vieux juif contre sept cents francs d'argent, et je ne sais combien de paquets de cigares qu'il m'a donnés... des cigares détestables même!... Il a fait protester son billet, il a obtenu un jugement; enfin il peut me faire arrêter... et c'est ce dont il m'a menacé si je ne le paye pas d'ici à trois jours.

— Ah! diable! il y a urgence, alors. Ecoutez, mon cher Félix, je vais voir comment se porte votre oncle. Voulez-vous que je me charge de lui parler pour vous?

— Oh! je n'osais pas vous en prier, mais vous me rendriez un grand service!

— Eh! que ne le disiez-vous tout de suite!... Je n'ai pas peur de lui parler, moi, à cet homme parfait, qui veut que tous les autres le soient. Soyez tranquille, je plaiderai chaudement votre cause, et je réussirai, j'en suis certain. Venez, vous m'attendrez dans le café qui est presque en face de chez M. Monlaurent; de cette façon vous connaîtrez tout de suite sa réponse.

Ces messieurs se remettent en marche. Arrivés à quelques pas de la demeure du millionnaire, Félix entre dans un café, et le docteur se rend chez M. Monlaurent.

Félix essaye de lire un journal, mais il est trop impatient, trop préoccupé pour faire attention à ce qu'il lit; à chaque instant, ses yeux regardent dans la rue. Tout à coup il aperçoit son cousin Félicien qui se rend chez son père. Aussitôt, se rappelant ce que lui a dit le docteur, Félix sort du café en se disant :

— Ma foi, essayons toujours! Après tout, entre jeunes gens on ne doit pas craindre de s'avouer l'embarras où l'on se trouve.

Et courant dans la rue au-devant du grand jeune homme blond, Félix l'arrête.

— Bonjour, Félicien.

— Tiens! c'est toi, Félix! répond le jeune Monlaurent d'un air assez froid. Que fais-tu donc par ici, au lieu d'être chez ton commerçant?

— Je suis ici parce que j'y ai affaire, probablement. Est-ce que tu vas me faire un sermon comme mon oncle?

Oh! non, car, après tout, cela m'est bien égal, à moi, que tu travailles ou que tu ne travailles pas!

— Merci; mais il ne s'agit pas de tout cela. Dis-moi, es-tu en fonds?

— En fonds?

— Oui, possèdes-tu de l'argent à toi?

— De l'argent?... mais certainement, j'ai toujours de l'argent, moi, car mon père m'en donne souvent, parce qu'il sait que je n'en fais pas un mauvais usage, que je ne fais point de bamboches comme toi.

— C'est vrai, j'avoue que je ne possède pas ta sagesse! Et quelle somme as-tu en ta possession à peu près?

— Es-tu curieux! Mais j'ai environ... oh! oui, j'ai bien deux mille cinq cents francs au moins... Quand on ne dépense pas, on amasse!...

— C'est juste. Eh bien! Félicien, veux-tu me faire un grand plaisir, me rendre un vrai service d'ami, et dont je te serai bien reconnaissant?...

— Qu'est-ce que c'est, d'abord?

— Prête-moi quatorze cents francs pour payer une dette pressée, et je te rendrai cela... petit à petit. Et tu me tireras d'un grand embarras.

Félicien regarde son cousin d'un air moqueur, puis se met à rire en disant :

— Ah bien! par exemple, je ne m'attendais pas à celle-là... Je la trouve forte!.. ah! ah! ah!...

— Quand tu auras fini de rire, tu me répondras, n'est-ce pas?

— Oh! la réponse n'est pas difficile à te faire. Pour te prêter de l'argent, il faudrait que je fusse fou! Tu dépenses déjà bien assez vite celui que mon père te donne, ce n'est pas la peine que tu fasses prendre au mien la même route!...

— D'abord, mon oncle ne me donne pas d'argent depuis longtemps, et s'il a une fois payé mes dettes, ce n'est pas généreux à toi de me le reprocher! Alors tu me refuses?

— Oh! positivement!

— Très-bien, je n'attendais pas moins de toi!

— Alors ce n'était pas la peine de m'arrêter pour me demander cela. Adieu, Félix, je vais déjeuner.

Le grand blond s'est éloigné; Félix le regarde aller en se disant :

— Oui, je me doutais qu'il me refuserait... maintenant j'en suis sûr. Mais me rire au nez... Lorsque je lui dis que je suis dans la gêne... ah! c'est de trop, ceci, et n'annonce pas un bon cœur... Ah! voilà le gros Dodolphe qui vient à son tour déjeuner chez son père... Je le crois meilleur enfant, lui... Voyons, peut-être serai-je plus heureux avec celui-là.

Et Félix arrête son cousin Adolphe au passage. Celui-ci tend la main à Félix et la lui serre cordialement, en lui disant :

— Ah! c'est toi, Félix, heureux Félix... Tu es bien nommé! Tu fais tout ce que tu veux, toi, et tu t'amuses depuis le matin jusqu'au soir... J'ai souvent envié ton sort.

— Mon cher Adolphe, je m'amuse le plus que je peux, c'est vrai. Mais mon sort n'est pas toujours aussi digne d'envie que tu veux bien le dire. Tiens, par exemple, en ce moment, je suis sans le sou, et on ne s'amuse guère sans argent. De plus, j'ai des dettes; je dois quatorze cents francs... pour lesquels on me poursuit... Peux-tu me les prêter, tu me rendras un grand service.

Adolphe secoue la main de son cousin et pousse un soupir en répondant :

— D'abord, pour te prêter cette somme, il faudrait que je l'eusse, et je ne possède guère que trois cents francs environ; mon père ne me donne pas de l'argent comme à Félicien, en qui il a toute confiance, et qui est son benjamin; il ne lui demande jamais compte de son argent! Tandis qu'à moi, c'est bien différent, il faut que je lui montre ce que j'ai en caisse... Quelquefois il manque quelques pièces de cinq francs, parce que je me serai laissé aller à prendre un *gloria*. J'aime beaucoup le gloria... J'aime aussi le curaçao... et la chartreuse... Ah bigre! la chartreuse! c'est ça qui est bon! Mais alors, quand j'ai un *déficit*, il faut que j'invente des histoires... et je ne suis pas très-malin pour inventer. C'est pourquoi, lorsque j'aurais la somme que tu me demandes, je ne pourrais pas te la prêter, car s'il me manquait quatorze cents francs, je ne pourrais jamais trouver une histoire de cette force-là! Ne m'en garde pas rancune, Félix, tu vois que ce n'est pas de ma faute.

— Non, mon ami, non, je ne t'en veux pas à toi, car tu es franc avec moi.

— Viens-tu déjeuner avec nous chez mon père?

— Non, je n'y vais pas.

— Adieu alors, car tu sais qu'il ne faut pas être en retard.

Le gros Adolphe a quitté Félix, qui se dit :

— J'aime mieux ce cousin-là... et s'il avait pu m'obliger, je crois qu'il l'aurait fait. Ah ! voilà maintenant Victorin qui s'avance. M'adresserai-je à lui? Pourquoi pas? Pendant que je suis en train, il faut tout de suite que je puisse juger l'amitié que me portent mes trois cousins.

Victorin marchait très vite et avait toujours l'air fort préoccupé. Il va repousser Félix, qui lui barre le passage, lorsque celui-ci lui dit :

— Eh bien ! tu ne me reconnais donc plus ?

— Ah ! c'est toi, Félix ! Pardon... je ne te voyais pas... je songeais... comme la Bourse a monté ce matin... c'est-à-dire hier... Mais quel beau bénéfice il y aurait eu à réaliser pour celui qui aurait acheté il y a huit jours !...

— Ma foi, je n'en sais rien. Je t'avoue que le cours de la Bourse m'occupe peu !... je ne suis pas en position d'y faire une opération !...

— Cela n'empêche pas de suivre la marche des cours, d'examiner, de calculer, de se mettre enfin à même de savoir un jour faire une grande fortune !

— Je crois que personne ne peut savoir cela à coup sûr. Tout ce qui est aléatoire ne dépend-il pas du hasard?...

— Mais non, il y a des combinaisons infaillibles !...

— Je t'avouerai que, dans ce moment, j'en cherche une pour payer quatorze cents francs que je dois. Voyons, toi, qui es calculateur, comment ferais-tu à ma place, si tu n'avais pas le sou, pour payer cette somme?...

— Mais, si j'avais seulement cent francs, je les jouerais... n'importe à quoi !

— Oh ! mauvais conseil; d'abord le jeu est une triste ressource, il ne favorise que ceux qui n'ont pas besoin de l'être...

— Allons donc !... quand on sait calculer les chances, on se les rend favorables !

— Ensuite je ne puis pas risquer cent francs au jeu, puisque je t'ai dit que je n'avais pas le sou !...

— Ah ! c'est juste ! Tant pis pour toi, alors, ce n'est qu'avec de l'argent qu'on en gagne...

— Tu dois en avoir, toi, Victorin. Eh bien, prête-moi de quoi payer ma dette... Plus tard je te rendrai cela.

Le jeune Victorin réfléchit quelques instants, puis il répond :

— Non, je ne te prêterai pas... Si c'était pour quelque opération de Bourse, peut-être me serais-je risqué... Mais quand tu auras payé, tu n'auras plus rien, et tu ne pourras pas me rembourser... J'aime donc mieux garder mon argent... Adieu, Félix, je suis pressé.

Le troisième cousin s'est éloigné comme les autres, et Félix retourne au café en se disant :

— L'épreuve est faite, les trois cousins y ont passé. Je sais maintenant quel fond je puis faire sur leur amitié ! Si le docteur n'est pas plus heureux près de mon oncle, je me vois incessamment à Clichy.

IX

LA PETITE COUSINE

Cependant le docteur Choubert a trouvé M. Monlaurent dans son cabinet, où il se plaint de son ventre, de ses jambes, de sa tête et de son estomac.

— Docteur, je ne suis pas bien; vous ne me guérissez pas, dit le millionnaire en voyant entrer son médecin.

— Je ne vous guéris pas !... Mais d'abord qu'est-ce que vous avez là? demande le docteur en examinant une tasse et une théière.

— Ceci, c'est une infusion de graine de lin, très-légère, mais émolliente; c'est extrêmement rafraîchissant.

— Eh ! sapristi ! mon cher monsieur, comment voulez-vous que je vous guérisse, si vous faites tout le contraire de mes ordonnances?... Est-ce ce que je vous ai prescrit de la graine de lin, moi?... je vous ai dit : « Buvez du vin de quinquina... deux bonnes cuillerées par jour; du quinquina au madère. » Cela vous rendrait de la force, cela redonnerait du ton à votre estomac, qui en a grand besoin. Au lieu de cela, vous vous mettez à la graine de lin !... Je renoncerai à vous soigner, si vous continuez d'agir ainsi, je vous en préviens.

— Docteur, je craignais que ce vin de quinquina ne fût trop fort pour ma constitution délicate.

— Puisque je vous l'ordonnais, c'est que probablement il vous était bon. Avez-vous confiance en moi, oui ou non?

M. Monlaurent balbutie un oui assez douteux, et murmure :

— Je prendrai du vin de quinquina.

— Et vous verrez que vous vous en trouverez bien. Ah ! maintenant, mon cher monsieur Monlaurent, je vais m'acquitter d'une commission dont on m'a chargé près de vous. C'est un jeune homme fort aimable, votre neveu Félix, que je viens de voir il n'y a qu'un instant...

— Mon neveu Félix ! ah ! voilà un mauvais sujet ! J'en ai encore appris de belles sur son compte ! Figurez-vous, docteur, qu'au mariage de son frère de lait, où il servait de témoin, il s'est permis d'apporter devant le maire le marié ayant un pied chaussé et l'autre nu.

— Je sais cette anecdote, il me l'a contée.

— Et vous ne trouvez pas cela très-indécent? manquer de respect à l'autorité !

— L'autorité ne s'en est pas même aperçue ! Et s'il n'avait pas pris ce parti-là, le mariage ne se serait pas fait.

— Je ne suis pas de votre avis, monsieur le docteur, je n'excuse pas une telle inconvenance. Et de quelle commission vous a chargé ce mauvais garnement?

— Mon Dieu !... je vous vois si mal disposé pour lui... je crains...

— Je ne puis plus être autrement pour mon neveu... Vous me trouverez de même un autre jour.

— Alors j'aime autant en finir tout de suite... d'ailleurs cela presse. Votre neveu doit quatorze cents francs pour lesquels on le poursuit... il y a même prise de corps contre lui... Il espère donc que vous voudrez bien encore cette fois lui venir en aide et...

— Des dettes ! encore des dettes ! et il ose s'adresser à moi !... après avoir juré... car il a juré qu'il n'en ferait plus, monsieur, lorsque l'année dernière je payai les autres. Corbleu ! est-ce qu'un honnête homme doit manquer à son serment?

— Mais votre neveu est si jeune !

— Il n'y pas d'excuses pour cela...

— Enfin, monsieur, il ne s'agit que d'une misérable somme de quatorze cents francs, qu'est-ce que cela pour vous?

— Certainement je puis disposer de cette somme sans que cela me gêne, mais je ne veux pas encourager la mauvaise conduite... un garçon qui aime le vin, le jeu et les femmes ! quelle horreur !

— Eh ! mon Dieu, monsieur, il ne faut pas nous faire meilleurs que nous ne sommes ! nous avons tous ces goûts-là !...

— Non, monsieur, non, je ne les ai jamais eus, moi, monsieur, et je m'en fais gloire !...

— En tout cas, il me semble que vous ne vous en portez pas mieux pour cela !...

— Je n'ai pas la goutte, moi, monsieur !

— Eh ! mon Dieu, tous les libertins ne l'ont pas. Je ne manquerais pas d'exemples à vous citer. Mais revenons à votre neveu; vous ne voudrez pas laisser aller en prison le fils de votre sœur?

— Si, monsieur, je l'y laisserai aller, ce sera une bonne leçon pour lui !

En ce moment la jeune Emma entre dans le cabinet de son père, elle l'a entendu élever la voix, et après avoir salué le docteur, murmure :

— Qu'y a-t-il donc, mon père, comme vous paraissez agité !... Est-ce que vous êtes en colère?

M. Monlaurent baissait la tête en grommelant; mais le docteur s'empresse de dire :

— Mademoiselle, vous arrivez bien à propos pour m'aider à intercéder en faveur de votre cousin Félix...

— Mon cousin! que lui est-il donc arrivé, monsieur?

— Mon Dieu! mademoiselle, de se laisser aller à commettre de ces étourderies de jeunes gens qui dépensent sans compter... Bref, il a fait des dettes... il est poursuivi pour une somme... qui n'est pas très-élevée... Il n'a pas osé venir trouver son oncle, et je me suis chargé de plaider sa cause... Mais M. votre père se montre très-sévère... il refuse de tirer son neveu d'embarras...

— Ah! mon petit père! tu te laisseras fléchir! dit la charmante jeune fille en s'approchant de son père, mon cousin se corrigera, j'en suis sûre... Tu vas donner la somme dont il a besoin...

— Non, ma fille, car votre cousin ne se corrigera pas. Il l'avait déjà juré; il a manqué à sa promesse, je ne veux plus rien faire pour lui.

— Alors ce pauvre garçon va aller en prison! dit le docteur.

— En prison! on mettrait mon cousin en prison! s'écrie Emma. Oh! mais ce serait affreux! Non, mon père, vous ne pouvez souffrir cela... Oh! je vous en prie, ne soyez pas inexorable!

— Assez, ma fille, assez, dit le banquier d'un air impératif; je vous défends de me dire un mot de plus sur ce sujet et de me reparler de votre cousin. Je prierai le docteur d'en faire autant!

La jeune fille baisse les yeux et devient tremblante. Le docteur, irrité par le ton que vient de prendre M. Monlaurent, saisit son chapeau, qu'il pose sur sa tête en s'écriant :

— Très-bien, monsieur, vous avez de ces cœurs secs auxquels il faut des réfrigérants; buvez votre graine de lin, monsieur, buvez vos tisanes! Quant à moi, je ne me charge plus de votre santé!

— J'aime autant cela, murmure M. Monlaurent.

Le docteur est déjà presque au bas de l'escalier, lorsqu'une petite main lui frappe doucement sur l'épaule. Il se retourne et voit la jeune Emma qui lui présente un petit portefeuille, en lui disant d'une voix émue :

— Prenez cela, monsieur le docteur, et donnez-le à mon cousin; c'est tout ce que je possède, mais cela l'aidera peut-être à sortir d'embarras... Surtout ne lui dites pas que c'est moi... Qu'il croie que c'est mon père... Adieu, je me sauve...

La charmante enfant a déjà remonté lestement l'escalier avant que le docteur ait eu le temps de lui exprimer ce qu'il pense de sa bonne action. Mais il a en main le petit portefeuille; il l'ouvre et y trouve un billet de mille francs.

— Aimable fille, se dit-il, elle donne à son cousin tout ce qu'elle possède, et elle ne craint pas d'encourir la colère de son père! Ah! je l'avais bien jugée, j'avais bien vu qu'elle ne ressemblait pas à ses frères... et, ma foi, ni à son père non plus... ce dont j'aurais fait compliment à madame sa mère si elle vivait encore. Mille francs!... c'est quelque chose... mais ce n'est pas assez pour tirer notre jeune homme d'embarras... Pardieu! je veux m'associer à la belle action de cette jeune fille... J'ai touché ce matin cinq cents francs d'une convalescente... dont je ne croyais pas avoir un centime. Je vais les joindre à ce billet de mille, et notre ami est libéré!

Félix attendait toujours au café, mais il avait peu d'espérance, lorsqu'il voit le docteur venir à lui d'un air radieux, et lui mettre un petit portefeuille dans la main en lui disant :

— Tenez, beau jeune homme, j'ai été heureux dans mon ambassade... voilà de quoi payer vos créanciers...

— Il se pourrait... Ah! cher docteur, je n'y comptais pas! Quoi! mon oncle s'est laissé attendrir...

— Votre oncle! jamais! c'est un vieux requin qui doit avoir un cœur en caoutchouc... il vous refuse net...

— Mais alors comment?...

— Ah! il y avait là un ange sous la figure d'une jeune fille... votre cousine enfin; elle a couru après moi dans l'escalier, et m'a remis pour vous ses économies...

— Ma cousine!... il serait possible...

— Oui, monsieur, et elle m'avait défendu de vous dire que cet argent venait d'elle; mais, ma foi, je ne me sens pas le courage de mettre une belle action sur le compte de quelqu'un qui s'est montré sans pitié pour vous, et qui trouve mauvais qu'on aime les femmes... vieille buse!...

— Ma cousine! c'est ma cousine!...

— Oui... oui... il n'en revient pas! Allons, monsieur, allez payer vos dettes, moi je vais voir mes malades, chacun son métier.

X

UNE AVENTURE DE COULISSES

Félix aurait bien voulu aller remercier sa cousine, mais, d'un autre côté, il ne se souciait pas d'aller voir son oncle et ses aimables cousins. Ne sachant comment faire, il attendait qu'une occasion favorable se présentât, que le hasard lui fît rencontrer sa cousine et lui permît de lui exprimer sa reconnaissance.

En attendant, le jeune homme était devenu plus travailleur, plus assidu chez son négociant, car il se disait souvent :

— Ces quinze cents francs que j'ai reçus d'Emma, il faut absolument qu'un jour je parvienne à les lui rendre.

Cependant, comme à l'âge de Félix les bonnes intentions n'empêchent pas que l'on ne fasse encore des fredaines, celui-ci n'oubliait pas une assez jolie actrice nommé Anita, et dont vous l'avez entendu s'entretenir un matin avec sa voisine. Cette Anita, attachée au théâtre des Délassements, y dansait aussi dans l'occasion. Etait-elle actrice? était-elle danseuse? Elle était probablement l'une et l'autre, ou plutôt je crois qu'elle n'était ni l'une ni l'autre; mais enfin elle était au théâtre, et pour une jolie femme, c'est une position très-enviée.

Ainsi que l'avait dit la voisine, Félix n'avait ses entrées au théâtre que par raccroc, car il ne faisait point de pièce ni de musique; il ne savait pas peindre le décor ni dessiner des costumes; encore s'il avait été actionnaire; c'est un titre, ce n'est souvent que ça, mais cela donne entrée au théâtre, et la plupart du temps on ne se fait actionnaire que pour aller dans les coulisses admirer de plus près ces dames qui nous charment de la salle... Mais, niais que vous êtes! au lieu d'admirer de plus près, vous allez perdre vos illusions, car il ne faut pas voir ainsi le rouge, le blanc, le bleu, le carmin, le noir, qui font si bien de loin!

A la vérité, si vous perdez une partie de vos illusions, vous en serez dédommagé par un habil amusant, quelquefois spirituel, toujours drôle, par ces reparties vives, piquantes que l'on n'entend que là; par ce qu'il y a d'original à voir un grand seigneur espagnol venir dire des douceurs à une petite Savoyarde, un Anglais se prendre de querelle avec un ours, et un roi offrir une prise de tabac à un paillasse.

Et puis, dans ce monde, tant de choses se font par raccroc que cela est presque arrivé à remplacer le droit! Ne croyez-vous pas, parce que vous avez droit à une chose, que vous allez l'obtenir?... Vous êtes bien de votre village! Le raccroc est là, qui va, vient, se remue, intrigue, sollicite et finit par arriver à son but, tandis que vous, qui vous tenez bien tranquille chez vous, vous fiant à votre droit, à votre mérite, vous n'obtenez rien; on a bien autre chose à faire que de penser à vous.

Mais arrêtons-nous!... Revenons à Félix, il était ami d'un jeune homme dont le frère faisait des pièces, et, par ce ricochet, il était monté plusieurs fois sur le théâtre avec son ami, puis s'était risqué à y aller tout seul; il avait trouvé là l'Alexandre de mademoiselle Hermance; celui-ci était actionnaire. Il avait perdu avec lui plusieurs bols de punch au domino, et s'était acquis ainsi sa protection pour rester dans les coulisses.

Ce soir-là on représentait une féerie mêlée de danses et enjolivée d'Amours et de diables. Les diables et les Amours font toujours très-bien au théâtre, grâce au costume léger qu'on leur donne; à la ville ils se déguisent, ce qui ne les empêche pas d'y faire aussi leur chemin. Mademoiselle Anita représentait un Amour; comme elle était fort bien faite, le maillot lui allait très-bien, et lui faisait faire de nombreuses conquêtes, car, sur la scène, le costume est pour beaucoup dans les succès de ces dames; et telle qui n'aura pas été remarquée sous le simple vêtement d'une paysanne se verra assaillie de bouquets et de déclarations quand on la verra en sylphide ou en Amour.

Félix désirait voir cette demoiselle sous ce costume, qui n'en est pas un, et nous fait soupirer après ce paradis perdu dans lequel Adam et Eve se promenaient sans avoir recours à un tailleur ni à une couturière. Félix était monté sur le théâtre, et guettait le moment où sa conquête aurait dans les coulisses le loisir de causer avec lui.

Mais sa voisine Hermance, qui l'avait aperçu, saisit un moment où elle n'est pas en scène pour venir lui dire à l'oreille :

— Mon petit voisin, prenez garde à vous ! Trabucos danse ce soir !

— Qu'est-ce que c'est que ça, Trabucos?

— C'est un danseur... Il fait le Diable, il a du talent.

— Eh bien! qu'est-ce que cela me fait à moi que M. Trabucos danse ce soir?

— Vous ne savez donc pas qu'il est très-amoureux d'Anita ; il lui fait la cour. Il est jaloux comme un tigre... il est très-méchant ! et s'il vous voit parler à Anita, il est capable de vous chercher querelle.

— Je me moque pas mal de M. Trabucos ! Qu'il fasse son diable et qu'il nous laisse tranquilles ; ce n'est pas lui qui m'empêchera de parler à Anita, tant qu'elle le voudra bien.

— Oui, mais comme il a du talent, il peut vous faire interdire l'entrée des coulisses en se plaignant au régisseur, en disant que vous gênez les entrées.

— Qu'il s'avise de faire cela, et il verra de quel bois je me chauffe !

— Enfin, je vous ai averti, soyez prudent au moins.

— Merci, ma chère voisine, j'aurai un œil ouvert sur les manœuvres du diable.

— Vous n'avez pas vu Alexandre ?

— Il joue aux dominos au café du Cirque.

Mademoiselle Hermance retourne en scène. Bientôt le ballet commence. Son pas achevé, la gentille Anita vient dans la coulisse où est Félix, et une conversation assez animée s'engage entre l'Amour et le jeune commis.

Tout à coup Félix se sent frappé sur l'épaule ; il se retourne, ne voit personne, et reprend sa conversation. Mais au bout de deux minutes, le même incident se renouvelle.

— Qui est-ce qui s'amuse donc à venir me frapper ainsi sur l'épaule, et disparaît ensuite? s'écrie Félix.

— C'est Trabucos, répond Anita en souriant. Je l'ai aperçu s'approcher tout doucement, puis se sauver après vous avoir touché.

— Ah ! c'est ce monsieur qui fait le diable et qui est amoureux de vous... Est-ce qu'il est votre amant ?

— Par exemple ! je ne puis pas le souffrir, il m'ennuie beaucoup au contraire. Il m'a déjà fait avoir plusieurs scènes désagréables !

— En ce cas, il n'a qu'à bien se tenir... Faites-moi seulement signe quand vous le verrez s'approcher de moi...

— Le voilà qui revient...

— Bon ! cette fois il aura son affaire.

L'individu qui fait le diable est un petit homme un peu gros, mais assez bein fait, qui paraît musculeux et rappelle ces Alcides qui font des tours de force sur le boulevard. Fort laid de visage, il avait tout ce qu'il faut pour représenter un diable. Mais comme il se croyait beau, il prenait soin de bien se déguiser, mettait une perruque rouge avec des cornes, se faisait, avec du bouchon brûlé, d'énormes sourcils qui se rejoignaient, comme ceux du Juif Errant, puis enfin se mettait un faux nez qui avait la forme d'une immense trompette ; tout cela avec son maillot rouge enjolivé de serpents et de chauves-souris, en faisait un démon très-épouvantable.

M. Trabucos s'avançait sur la pointe du pied tout prêt à frapper encore sur l'épaule du jeune homme, dont l'assiduité près d'Anita lui déplaisait fort. Mais cette fois Félix a si bien pris ses mesures, qu'au moment où le diable lui touche l'épaule, il reçoit en plein visage un coup de poing si bien appliqué, que son faux nez à moitié écrasé change de place et va se poser sur son œil droit.

M. Trabucos veut sauter sur Félix, mais au même instant la voix du régisseur lui crie :

— A toi, Trabucos ! c'est ton pas !... A toi !... Entre donc en scène... tu vas manquer ton entrée !...

Placé entre son devoir et sa colère, l'artiste obéit cependant à la voix du régisseur ; il entre en scène comme un furibond, sa danse se ressent naturellement de l'agitation qu'il éprouve ; jamais il n'a sauté si haut, ni fait des mouvements plus saccadés. Il produit un effet merveilleux, le public l'applaudit à tout rompre, tandis que de la coulisse le cruel régisseur lui crie encore :

— Ton nez, Trabucos, remets donc ton nez à sa place, il est sur ton œil droit !

Mais Trabucos ne songe guère à son nez ; tout en dansant, ses yeux se portent souvent vers la coulisse, où est toujours Félix ; alors il lui fait des grimaces, des yeux horribles, lui montre le poing et redouble ses contorsions, et le public, qui croit que le diable ajoute tout cela à son pas pour faire plus d'effet, redouble ses bravos et trouve très-original que l'artiste ait eu l'idée de placer son nez sur son œil.

Félix s'amusait beaucoup de menaces que le diable lui faisait tout en dansant. En vain Anita lui disait :

— Allez-vous-en, mon ami, vous avez donné un coup de poing à Trabucos, il est furieux, il va vouloir se venger... de grâce ! allez-vous-en !

Mais le jeune homme restait, parce qu'il ne voulait pas avoir l'air de fuir devant les menaces de ce monsieur, et se contentait de répondre :

— Non, non, je ne veux pas m'en aller. Je trouve ce diable trop amusant... je tiens à voir son pas.

Mais le pas finit. Alors, s'élançant dans la coulisse comme un tourbillon, M. Trabucos saute sur Félix et se met à le frapper ; mais celui-ci, qui prévoyait l'attaque, attend de pied ferme son adversaire, et répond par de vigoureux coups de poing à ceux qu'il reçoit. On veut séparer les combattants. Pas moyen ; ils se tiennent, s'enlacent, se poussent, se bousculent et finissent par rouler ensemble sur le théâtre, leurs têtes et la moitié de leur personne dépassant la coulisse ; le public est tout surpris de voir tout à coup cette masse, qui tombe dans le palais du sultan et continue à terre de se donner des coups de poing.

Cependant le régisseur et des figurants tirent ces messieurs par les pieds pour qu'ils disparaissent aux yeux des spectateurs. Mais on avait eu le temps de les voir, de rire à leur dépens. Et, par un de ces hasards qui semblent faits exprès, M. Monlaurent, qui n'allait presque jamais au spectacle, était ce même soir dans la salle avec sa fille Emma et madame Sarget.

Depuis longtemps la jeune Emma suppliait son père de la mener au spectacle. Celui-ci avait enfin consenti à procurer ce plaisir à sa fille, et l'on avait emmené madame Sarget, parce que M. Monlaurent, qui prévoyait tout, avait dit : « Si le spectacle me fait mal, s'il m'indispose, ce ne serait pas assez de ma fille pour me donner du secours ! »

Fort peu au fait de ce qui se jouait dans les théâtres, M. Monlaurent avait dit à sa fille :

— A quel théâtre désires-tu aller ? choisis, cela m'est égal.

Emma avait répondu :

— Et à moi aussi, mon père, seulement je voudrais bien voir une féerie.

On avait cherché sur un programme de spectacles à quel théâtre on pourrait voir une féerie. Celui des Délassements étant pour le moment le seul qui en jouât, on lui donna la préférence. M. Monlaurent était donc installé avec sa fille et madame Sarget dans une loge des premières qui justement se trouvait fort près de la scène, et lorsque Félix et le diable avaient roulé en se battant hors de la coulisse, ils avaient été parfaitement placés pour les bien voir.

— Est-ce possible ! s'écrie M. Monlaurent, ce jeune homme qui se roule là sur le théâtre... regardez, madame Sarget... n'est-ce pas mon neveu Félix ?

— Eh mon Dieu, oui ! c'est bien lui qui donne des coups de poing au diable... Qu'est-ce que cela signifie !

— Mon cousin... vous croyez que c'est mon cousin? balbutie Emma.

Puis bientôt elle reprend :

— Mais oui, c'est lui... Est-ce qu'il s'est fait acteur ?

— Il ne lui manquerait plus que cela... se battre... faire le coup de poing devant le public. Le malheureux !... mais c'est épouvantable...

— Ils n'y sont plus, mon père, on les a emportés.

— Oh ! je crois bien que cette scène n'était pas dans la pièce... Mais je saurai ce qui a causé cet incident... Dans l'entr'acte je sortirai, je m'informerai.

Presque tous les spectateurs étaient aussi curieux que M. Monlaurent de savoir par quel hasard ils avaient été témoins de cette boxe entre le danseur Trabucos et un jeune homme qui n'était pas costumé et que l'on n'avait pas reconnu pour un acteur. Aussi avait-on attendu la fin de l'acte avec impatience. Mais à peine le rideau est-il tombé, que les uns courent au café, les autres chez la concierge du théâtre, ceux qui ont leur entrées sur la scène y sont déjà, et bientôt on revient dans la salle avec des nouvelles. Chacun cause de cela dans les couloirs, et les ouvreuses de loges n'ont pas été des dernières à se faire mettre au fait des motifs de cette bataille.

M. Monlaurent laisse passer les plus pressés, puis, s'adressant à une ouvreuse qu'il a vue pérorer au milieu du monde, ce qui doit faire présumer qu'elle en sait plus que les autres, il lui fait à son tour sa question :

— Pourriez-vous me dire, madame, ce qui a causé cette scène, cette bataille scandaleuse entre ces deux individus qui ont roulé hors de la coulisse après le ballet ?

Et M. Monlaurent accompagne sa demande d'une pièce blanche, ce qui donne à l'ouvreuse encore plus de moelleux dans la voix.

— Oui, monsieur, oui, certainement je puis vous renseigner mieux que toute autre. Du reste, je l'avais deviné ! Mon Dieu, avant qu'on me le dise, je m'étais écriée : « Je gage que c'est pour Anita qu'on se cogne !... » Cette petite a déjà été cause de plusieurs scènes, et je ne me suis pas trompée, c'est encore pour Anita !...

— Qu'est-ce que c'est qu'Anita, madame ?

— Une de celles qui ont dansé le premierpas des Amours... une petite brune... très-bien faite... Oh ! sa jambe a bien du succès !

— Je comprends, et alors c'est pour elle...

— Oui, vous concevez, Trabucos en est amoureux comme un fou... Il a dit qu'il vendrait son mobilier pour elle... Il en est ce qui s'appelle toqué.

— Et Trabucos, c'est ?...

— C'est le danseur qui faisait le diable... un garçon plein de talent ! Vous avez vu quel succès il a eu dans son pas... Oh ! il est très-aimé du public... mais pas d'Anita, qui s'en laisse conter par ce jeune homme que vous avez vu rouler sur la scène... Et il paraît que c'est un pas grand'chose, un pané !... qui ne lui a pas seulement payé encore sa psyché... elle doit sa psyché... Mais les femmes sont si bêtes, elles s'amourachent de jeunes propres à rien... et négligent les hommes mûrs qui feraient leur fortune... Ah ! ce n'est pas moi qui leur donnerais ce conseil-là !

— Enfin, madame ?

— Enfin, monsieur, Trabucos avait déjà remarqué que le jeune homme en question venait dans la coulisse pour causer avec Anita, il se dit : « C'est un rival, je lui donnerai une pile ! » Car il est très-fort, Trabucos ; c'est un homme tout nerfs ! Il avait prévenu la petite, il lui avait dit : « Si vous chuchotez encore avec ce particulier, je l'égrugerai ! » Et Anita lui avait répondu : « De la neige ! »

— De la neige ?

— Oui, oui : Des navets ! Ce sont ses expressions favorites. Et pourtant cela n'a pas manqué : elle causait avec son jeune gandin ; Trabucos, tout en dansant son pas, les voyait ; il était furieux. Aussitôt son pas fini, il a couru sur le jeune homme, en lui disant : « Je vous ordonne de ne pas parler à mademoiselle, et au besoin je vous le défends ! » Il paraît que l'autre lui a ri au nez. Alors vous voyez d'ici la chose... deux coqs furibonds, quoi ! Pif ! paf ! pouf ! les calottes pleuvaient à verse ; on voulait les séparer, on ne pouvait pas, et c'est alors qu'en se cognant, ils sont tombés et qu'ils ont roulé devant le public !... Et savez-vous ce qu'Anita faisait pendant ce temps-là... elle riait comme une folle, la petite sans cœur ! Elle est enchantée quand on se rosse pour elle... elle prétend que ça la pose.

— Quel a été le dénoûment de tout cela ?

— Ah ! naturellement on a chassé le jeune homme de la scène, où il n'aurait jamais dû mettre les pieds. Mais on n'est pas assez sévère pour les intrus... la concierge ferme l'œil... le régisseur est bon enfant ! Oh ! mais cette fois le beau séducteur est consigné ! Pas de danger qu'on le laisse encore monter sur le théâtre, le charmant Félix !... Il s'appelait Félix, car on entendait assez souvent Anita qui disait ; « Ah ! Félix ne vient pas ce soir, je m'embête !... »

M. Monlaurent en sait assez, il rentre dans sa loge et dit à Emma :

— Ma fille, je viens d'apprendre des choses qui ne font que confirmer l'opinion que j'avais de ton cousin : c'est un bien mauvais sujet, dont il n'y a rien à espérer. Tu prenais toujours son parti, et tu avais tort ! Tes frères le jugeaient mieux, car jamais ils ne m'ont dit un mot en sa faveur. A l'avenir, j'entends que tu ne me reparles plus de ce monsieur, dont la conduite me fait rougir, et que je ne veux plus recevoir.

La jeune Emma baisse la tête, en balbutiant tristement :

— Je vous obéirai, mon père.

Et madame Sarget pousse encore un hélas ! en disant :

— Quand on se moque des femmes, on est capable de tout !

Le lendemain de cette avanture, Félix reçoit de son oncle une lettre qui contenait ces mots :

« J'étais hier avec ma fille au théâtre où vous avez donné au public une scène scandaleuse, en vous roulant et vous battant avec un acteur qui était dans le costume d'un démon. A dater de ce jour, je vous défends de vous présenter chez moi, où, d'ailleurs, je donne des ordres pour que vous ne soyez pas reçu. »

Félix froisse ce billet dans sa main, en se disant :

— Faut-il que j'aie du guignon !... Mon oncle qui ne va presque jamais au spectacle... il faut qu'il soit justement ce soir-là dans la salle... et il m'a reconnu boxant avec Trabucos !... Et ma cousine aussi m'a vu !... Il ne veut plus me recevoir !... Je ne pourrai pas même lui faire exprimer mes regrets, ma reconnaissanse par le docteur... car Choubert n'est déjà plus le médecin de mon oncle ! Et tout cela pour Anita... que j'ai aperçue ce matin en calèche, avec un associé d'agent de change... Ah ! j'ai eu tort... et pourtant je ne pouvais pas recevoir les coups de poing de ce monsieur sans les lui rendre !

XI

LE TESTAMENT

Félix voyait quelquefois le docteur ; il lui avait raconté son aventure sur le petit théâtre du boulevard. Le docteur Choubert avait ri comme un fou au récit de cette bataille avec le diable, qui avait fini devant le public, et s'était écrié :

— Ah ! que j'aurais voulu voir cela... De grâce, donnez-moi une seconde représentation de cette scène, et je loue une loge d'avance.

— Non, vraiment ; c'est bien assez d'une fois !... C'est même trop, puisque cela m'a tout à fait brouillé avec mon oncle, qui ne veut plus me recevoir.

— Entre nous, mon ami, vous ne devez pas être bien privé par cette défense ; la maison de votre oncle n'est rien moins qu'amusante ! C'est à y gagner le spleen !

— Mais j'y voyais ma cousine, cette bonne petite Emma qui est venue à mon aide, et que je n'ai pas encore pu remercier de ce service.

— Si vous la remerciez, elle verra que j'ai trahi son secret ! De quoi aurai-je l'air, moi ?

— Docteur, il y a de ces indiscrétions que l'on pardonne toujours. Au reste, je suis bien forcé de garder le silence, puisque je ne puis plus voir ma cousine. Et vous, docteur, vous n'allez plus du tout chez mon oncle ?

— Non, vraiment ! vous savez bien qu'il m'a envoyé ce qu'il me devait, en me faisant dire que ma manière de le soigner ne s'accordait pas avec son tempérament. C'était mon congé qu'il me donnait... Pauvre homme ! qui veut en savoir plus que les médecins !... Certainement il y a de mes confrères qui ne sont pas des aigles mais pour savoir bien soigner votre oncle, il suffirait de le regarder, de l'entendre et de connaître sa manière de se nourrir. Je l'aurais fait vivre encore dix ans au moins ! tandis que, au régime qu'il suit, cela m'étonnerait bien s'il passait l'année !

— En vérité, vous le croyez si bas.

— Oui, mon cher ami... Mais donnez-moi donc des nouvelles des jeunes mariés, votre frère de lait et sa piquante moitié ?

— Ils sont établis à Paris, et font très-bien leurs affaires.

— La belle Laurette doit faire une superbe bouchère... Mais j'aimerais mieux qu'elle vendît des cigares que des côtelettes, parce qu'on pourrait aller causer avec elle.

— Il est certain qu'on ne peut guère aller faire le gentil dans la boutique d'un boucher. Dufilet m'engage souvent à aller déjeuner avec eux, mais j'aimerais mieux ne déjeuner qu'avec elle !...

— Comme c'est bien d'un frère de lait ! Au fait, vous avez goûté tous deux au même sein, ce ne serait qu'une continuation !...

— Et madame Tricoud ?

— Elle veut trop danser, cela devient fatigant. Il y a comme cela, de par le monde, de ces femmes à qui cela est égal d'éreinter leur danseur ; pourvu qu'elles se donnent du plaisir, peu leur importe de compromettre la santé d'un autre ! Défiez-vous de ces femmes-là, mon cher Félix, et croyez-moi, ne mettez pas un sot amour-propre à toujours danser avec elles, elles ne vous en auront ni plus d'amour ni plus de fidélité, et, quand vous serez hors d'haleine, s'empresseront de vous donner un remplaçant. C'est égal, lorsqu'il se présentera une autre noce Merluchet, je vous en prie, mon cher Félix, ne m'oubliez pas. Et venez me voir, vous savez mon adresse... Je vous ai dit que j'étais de vos amis, bien que j'aie une quinzaine d'années de plus que vous, cela ne fait rien ! au contraire, cela fait qu'un de nous deux a de l'expérience et peut en donner à l'autre... Je n'ai pas trop l'air d'un sage, c'est vrai ! Je suis la maxime d'*Hippocrate* qui a dit qu'il fallait se donner une pointe au moins une fois tous les mois. Mais tout cela ne m'empêche pas de pouvoir vous donner de bons conseils.

— Merci, docteur, merci ; je crois à cette amitié spontanée que vous m'avez témoignée dès notre première rencontre... car je crois à la sympathie qui nous pousse vers les personnes qui se sentent aussi entraînées vers nous. Est-ce que j'ai tort ?

— Non, mon cher ami. D'abord on a toujours raison de croire à quelque chose... les gens crédules étant bien plus heureux que ceux qui doutent de tout. Rappelez-vous *le conte de Candide*, de Voltaire, et ce que dit à la fin le docteur Pangloss, mon confrère : « Je me mariai, je fus cocu ! et je vis que c'était l'état le plus heureux de la terre. » Ainsi donc l'état le plus heureux pour un homme est de croire à la vertu de sa femme. Quand je soigne quelqu'un, ne lui dis-je pas toujours qu'il guérira lorsque je sais parfaitement le contraire ; et mon malade n'a-t-il pas parfaitement raison de me croire ? Lorsque vous faites la cour à une femme, ne lui dites-vous pas que vous l'aimerez toute votre vie... Elle fait son possible pour vous croire, et elle finit par y arriver. Je vous le répète : le doute, c'est l'inquiétude ; la croyance, c'est la sécurité, et par conséquent la félicité.

Et le docteur quitte Félix après lui avoir serré la main. Le jeune homme rentre chez lui, en se disant :

— Ce dont je ne puis pas douter, c'est que mademoiselle Anita m'a totalement oublié depuis que je ne lui paye plus des soupers fins chez *Bonvalet !* C'est que pour plaire à ces dames, il faut avoir de l'or plein ses poches, les accabler de cadeaux, les bourrer de bonbons, et que tout cela ne les empêche pas encore de se moquer de nous... Oh ! voilà ce dont je ne saurais douter. Mais ma cousine, cette bonne petite Emma... que je n'ai pas vue depuis plus de quatre mois... qui m'a empêché d'aller en prison... et que je n'ai pu remercier de ce service... Que doit-elle penser de moi... surtout après m'avoir vu rouler sur la scène en me battant avec le diable...

Félix a été plusieurs fois chez le docteur Choubert, mais toujours sans le rencontrer. Un jour ils se retrouvent encore dans la rue, et le docteur, frappant sur l'épaule de son jeune ami, murmure :

— Eh bien !... que vous avais-je dit ?

— Ce que vous m'avez dit ?... mais sur quel sujet, docteur ?

— Parbleu ! sur votre oncle !...

— Mon oncle... mais vous m'aviez dit... ma foi je ne m'en souviens plus guère...

— Je vous avais dit qu'il ne passerait pas l'année... et il y a environ un mois de cela... il a été plus vite que je ne croyais !...

— Mon Dieu !... que voulez-vous dire, docteur ?

— Est-ce que vous ne savez pas qu'il est mort ?

— Mort !... grand Dieu !... mon oncle serait mort !...

Félix est redevenu très-pâle, et le docteur le soutient et passe son bras sous le sien, en reprenant :

— Pardon, mon ami, pardon de vous avoir dit cela si brusquement... mais je croyais que vous étiez instruit de cet événement...

— Non... je l'ignorais. Je ne savais même pas que mon pauvre oncle était malade !...

— Malade... mon Dieu ! il ne l'a pas été, il s'est éteint entre un radis noir et une tasse de mauve... Il devait finir comme cela...

— Et on ne m'a rien fait dire... Ah ! mon oncle ne m'aimait pas... et pourtant je sens que je le regrette, car je ne puis oublier qu'il a pris soin de ma jeunesse... que c'est à lui que je dois le peu que je sais... Et cet événement... quand donc est-ce arrivé ?

— Hier au soir... Oh ! il est probable qu'en rentrant chez vous vous trouverez une lettre pour la cérémonie, qui sera pour demain.

— Docteur, voulez-vous y venir avec moi ?

— Si votre oncle avait continué d'être mon client, je vous refuserais, parce que nous n'avons pas pour habitude d'aller aux enterrements de nos malades, cela nous prendrait trop de temps !... Mais comme je ne le soignais plus, j'irai avec vous pour étudier un peu les figures de vos cousins.

De retour chez lui, Félix trouve en effet une lettre qui le convoquait pour la triste cérémonie. C'était, comme de coutume, à la demeure du défunt que l'on se réunissait. Félix éprouve un violent serrement de cœur en se retrouvant dans cette maison, où il n'était pas revenu depuis six mois. Il demande à un domestique des nouvelles de sa cousine, et apprend que depuis le cruel événement on l'a emmenée à la campagne, ainsi que madame Sarget.

— Et mes cousins ! combien ils doivent avoir de chagrin... leur père les aimait tant !... Peut être n'auront-ils pas la force de faire partie du triste cortége !

— Oh ! pardonnez-moi, monsieur, répond le domestique. Ces messieurs sont au salon, et M. Félicien a déjà donné une fameuse danse à Bertrand, parce qu'il n'avait pas encore attaché du crêpe à tous les chapeaux... C'est étonnant comme la voix de M. Félicien a changé depuis que son père est mort... Il parlait tout doux... comme une petite flûte ! A présent il a un organe... comme un cor de chasse !

Sans faire attention à la réflexion du domestique, Félix monte au salon, où il y a beaucoup de monde. Il aperçoit ses cousins qui ont l'air roide, gourmé, et lui tendent à peine la main. Le gros Adolphe est le seul qui pousse un soupir, en disant à Félix :

— Hein ? qu'est-ce qui aurait cru cela ! mourir si brusquement ! si vite... Mais dame ! il ne voulait pas boire du vin pur... et on le lui conseillait cependant !

— Je sais bien qui est-ce qui en boira maintenant ! murmure le docteur Choubert, qui vient d'arriver, et dit tout bas à Félix : « Quand je disais que vos cousins seraient curieux à examiner !... Ce ne sont déjà plus les mêmes hommes que ceux avec qui j'ai dîné ici quand je soignais leur père. Voyez donc ce monsieur qui se couchait à dix heures, tenait toujours sa tête courbée et avait une voix si mielleuse... Quel changement, comme il porte la tête haute maintenant, comme son regard est fier et presque dédaigneux, comme sa voix est mordante et assurée !... Le plus jeune, M. Victorin, a l'air de penser à tout autre chose qu'à la perte qu'il vient de faire ; il ne peut pas rester en place ; il va, vient, s'agite, s'occupe fort peu des personnes qui sont autour de lui... Certainement il a de grands projets pour l'avenir, et je gagerais que sa pensée est en ce moment bien loin d'ici. Quant à votre cousin Adolphe, celui-là est moins transformé, et pourtant il y a aussi quelque chose de plus placide, de plus ouvert dans sa physionomie ; je ne prétends pas qu'il pense déjà à ce qu'il mangera à son dîner, mais je suis persuadé que le chagrin ne lui a pas ôté l'appétit. O vous ! qui élevez vos enfants à vous craindre, à trembler devant vous ! si vous pouviez voir combien peu on vous regrette ! vous vous repentiriez d'avoir suivi ce système d'éducation. »

La cérémonie funèbre s'accomplit avec tout le cérémonial voulu pour les personnes qui ont le moyen de le payer. Lorsqu'on quitte le cimetière, Félix cherche ses cousins pour échanger avec eux quelques paroles de consolation. Mais le grand Félicien monte dans une voiture dont il referme la portière

Imbécile! qui marche sur la robe de ma femme... si je savais qu'il l'eût fait exprès... (Page 24.)

sur lui, sans répondre à son cousin. Le gros Adolphe a disparu, et le jeune Victorin répond tout de travers à ce que lui dit Félix, si bien que celui-ci, s'apercevant qu'on ne l'écoute pas, va reprendre le bras du docteur, en lui disant :

— Si c'est ainsi que mes cousins m'accueillent, ils peuvent être certains qu'ils n'auront pas souvent ma visite !...

— Comment! mon cher Félix, cela vous étonne? Songez donc que maintenant ces jeunes gens sont riches, qu'ils se croient des personnages importants ! tandis que vous... vous n'avez pas le sou... et de plus vous êtes leur parent; double raison pour qu'ils vous tournent le dos... parce qu'un parent pauvre... c'est gênant... on craint toujours qu'il ne nous emprunte de l'argent !...

— Ils ont bien tort d'avoir cette crainte. Je serais désolé d'avoir recours à eux pour le plus léger service !... Mon seul désir est de m'acquitter avec ma cousine...

— Est-ce qu'elle a besoin de cette bagatelle; songez donc que c'est maintenant une riche héritière !...

— Oh ! cela ne fait rien... je veux m'acquitter... Chère Emma !... il y a bien longtemps que je ne l'ai vue... Ah ! je suis sûr que celle-là pleure son père... elle ne ressemble pas à ses frères...

— C'est bien heureux pour elle. Quant à moi, je vous avoue que je suis très-curieux de savoir quel usage ces messieurs vont faire de leur fortune !

Huit jours après que l'on a enterré M. Monlaurent, Félix reçoit une lettre d'un notaire qui l'engage à se trouver le surlendemain à la maison de défunt son oncle, pour y assister à la lecture de son testament.

— Tiens ! mon oncle a fait un testament ! se dit Félix, et je suis convoqué pour assister à sa lecture... c'est singulier... En quoi donc ce testament peut-il me regarder?... Mon oncle, qui ne pouvait pas me souffrir, veut peut-être me gronder encore après sa mort ! ou m'imposer quelque pénitence pour me rendre sage...

N'importe, je me rendrai à l'invitation qui m'est faite. Cela ne m'amusera pas de me retrouver avec mes cousins, mais, cette fois, je verrai peut-être ma cousine, et ce sera un dédommagement.

Au jour et à l'heure qui lui ont été indiqués, Félix se rend à la demeure de son oncle. Il trouve dans le salon ses cousins, leur sœur, madame Sarget et quelques anciens serviteurs du défunt, ainsi que son dernier médecin, qui sont aussi convoqués pour assister à la lecture du testament.

Cette fois Félix salue très-froidement les trois frères, qui lui témoignent au contraire plus d'aménité, mais semblent inquiets comme des gens qui ont peur que leur père n'ait fait quelque legs important à son neveu. La pauvre Emma paraît fort triste et fait à Félix une révérence assez cérémonieuse; mais celui-ci ne peut se lasser de regarder sa cousine, car, depuis six mois qu'il ne l'a vue, un changement considérable s'est fait dans toute sa personne, et ce changement est entièrement à son avantage. Ce n'est plus cette jeune fille encore enfant qui avait l'air d'une petite pensionnaire. Maintenant c'est une jeune personne bien posée, bien raisonnable, dont la taille s'est développée si avantageusement, qu'elle paraît plus âgée qu'elle ne l'est réellement. Ensuite, le chagrin qu'elle a éprouvé de la mort de son père a donné à ses traits une expression de mélancolie qui la rend encore plus séduisante.

Félix ne peut se lasser d'admirer sa cousine; il éprouve en la contemplant un charme, une émotion inexprimables. Puis enfin, bravant le nez de madame Sarget, qui semble vouloir le transpercer, il s'approche de la chaise sur laquelle est Emma, et, se penchant vers celle-ci, lui dit à voix basse :

— Je suis bien heureux de pouvoir enfin vous rencontrer, ma cousine, il y a si longtemps que je le désirais, que je brûlais de vous témoigner ma reconnaissance pour le service que vous m'avez rendu... Ah ! vous m'avez cru ingrat peut-être, mais je vous jure que je ne le suis point !...

Emma paraît émue, mais elle tâche de dissimuler ce qu'elle ressent en répondant d'un air assez froid :

— Je ne sais pas ce que vous voulez dire, mon cousin ; vous ne me devez aucune reconnaissance...

— Ah ! ma cousine, n'essayez pas de vous en défendre... j'avais des dettes, j'allais être mis en prison, sans vous, qui êtes généreusement venue à mon aide...

— Moi... mais non, je vous assure... ce n'est pas moi... c'est mon père qui vous a fait remettre cet argent...

Laissez-moi! vous dis-je. (Page 29.)

— Malgré tout le respect que j'ai pour la mémoire de mon oncle, je ne puis lui devoir ce service; je sais par le docteur Choubert qu'il a positivement refusé de venir à mon aide... tandis que vous avez couru après le docteur et lui avez remis les quinze cents francs dont j'avais besoin...

— Oh non! mon cousin, par exemple! il n'y avait que mille francs!...

— Mille francs!... soit... Ah! vous convenez maintenant que vous avez donné pour moi cette somme?...

Emma devient très-rouge et ne trouve plus rien à dire. Félix reprend :

— Je devine maintenant qui a complété la somme qu'il me fallait... le docteur s'est associé à cette bonne action... J'ai deux bienfaiteurs au lieu d'un... Merci encore mille fois, ma cousine, mais j'acquitterai ma dette... et peut-être un jour...

Madame Sarget, qui vient fourrer son nez entre Emma et Félix, empêche celui-ci de continuer. La vieille dame dit d'un ton aigre au jeune homme :

— Monsieur, on ne cause pas ainsi avec une jeune personne qui vient de perdre son père, c'est inconvenant...

— Mais, madame, je n'entretenais ma cousine que de choses fort sérieuses, et...

— Monsieur Félix, Emma est maintenant placée sous ma surveillance, et je ne vous laisserai pas l'entretenir; d'ailleurs, monsieur, nous sommes rassemblés pour entendre la lecture d'un testament et non pas pour causer... Tâchez de respecter la mémoire de votre oncle! ce n'est pas ici un théâtre où l'on se roule!...

— Ah! madame! c'est fort mal ce que vous me dites là... Pour une folie de jeunesse je ne mérite pas d'être traité si sévèrement.

— Si, monsieur, vous le méritez. Au reste, je ne fais en ce moment qu'obéir aux dernières volontés de ce pauvre Monlaurent, qui, en me chargeant de veiller sur sa fille, m'a bien recommandé surtout de ne point vous permettre de venir la voir.

Félix va répliquer... mais le notaire vient d'arriver, il juge plus sage de se taire.

L'homme de loi lit dans tous les yeux l'impatience que l'on a de connaître le testament du défunt; c'est pourquoi il se place à une table et commence aussitôt la lecture.

M. Monlaurent laissait une fortune d'un million et environ cent mille francs. Le million était partagé également entre ses quatre enfants. Sur les cent mille francs restants, plusieurs sommes étaient allouées à ses anciens serviteurs; vingt mille francs étaient pour son dernier médecin, dont il était fort content (et qui venait de le laisser mourir); enfin arrivait cette clause :

« Mon neveu, Félix Albrun, est un très-mauvais sujet, cependant, en mémoire de sa mère, qui était ma sœur, je veux bien lui donner encore de quoi payer ses dettes. Je lui laisse donc la somme de huit mille francs, qui lui sera comptée sur-le-champ, mais je défends à tous mes enfants de jamais lui prêter un sou. »

Félix éprouve un vif sentiment de chagrin en entendant lire cet article, où son oncle l'humilie encore. Quant aux trois frères, un léger sourire vient errer sur leurs lèvres, ils se disent que leur père n'avait pas besoin de leur faire cette dernière recommandation.

La fin du testament donnait à madame Sarget une quarantaine de mille francs qui devaient rester sur les cent mille, après que les différents legs auraient été payés; M. Monlaurent nommait cette dame tutrice de sa fille.

La lecture de l'acte étant achevée, le notaire prend dans un portefeuille qu'il a posé sur la table vingt billets de banque de mille francs qu'il remet au médecin, en lui disant d'un air tant soit peu railleur :

— Monsieur, voici de la part de feu M. Monlaurent, qui a été si satisfait de vos soins.

Le docteur s'avance, reçoit les vingt mille francs d'un air gracieux, salue la société et s'éloigne en se disant :

— Ah! si tous ceux que j'ai traités et qui sont morts m'en avaient laissé autant, quelle belle fortune j'aurais maintenant!

Le notaire présente ensuite huit mille francs à Félix en lui disant :

— Voici le legs de votre oncle.

Félix s'est avancé, il rougit, il hésite, et répond enfin d'une voix ferme :

— Si ce n'était pas par respect pour la mémoire de mon oncle, je refuserais ce legs, qui est accompagné de paroles si dures ! mais je ne veux me souvenir que du bien que l'on m'a fait ; de sa dernière demeure mon oncle verra peut-être qu'il m'avait mal jugé.

Prenant les billets, dont il en distrait un de mille francs, Félix traverse rapidement le salon de manière à passer tout près de sa cousine ; là il laisse tomber le billet de mille francs sur les genoux d'Emma, puis s'éloigne à grands pas, sans même jeter un regard sur ses cousins.

Le premier soin de Félix est ensuite de se rendre chez son ami Choubert, auquel il remet un billet de cinq cents francs en lui disant :

— Tenez... voilà ce que je vous devais sans le savoir, ami comme on en voit peu !

— Où serait le mérite, murmure le docteur, si tout le monde en faisait autant... moi, j'aime à me singulariser.

XII

L'AMOUR REND SAGE QUELQUEFOIS

Huit mois se sont écoulés depuis que l'on a fait la lecture du testament de M. Monlaurent. Félix a fort bien employé ce temps. Avec les six mille cinq cents francs qui lui sont restés du legs de son oncle, il a payé quelques petites dettes criardes, qu'un garçon contracte toujours, même sans le vouloir ; puis, rompant avec son passé, renonçant aux coulisses des petits théâtres, le jeune homme s'est mis avec ardeur au travail.

Il sent maintenant combien il est pénible d'avoir parfois besoin de recourir à la bourse de ses amis, recours sur lequel il est bien imprudent de compter ; il ne veut plus se trouver dans cette position. Ce qu'un homme doit ambitionner avant tout, c'est de devenir indépendant, et, pour l'être, il faut nécessairement acquérir de quoi subsister. Félix ne s'est pas encore dit qu'il voudrait devenir riche, et pourtant, au fond de son cœur, il éprouve parfois ce désir si naturel de pouvoir aussi marcher de pair avec les heureux du monde. Il se rappelle l'air fier, le ton presque dédaigneux avec lequel ses cousins l'ont traité ; il sent qu'il serait bien doux de pouvoir leur prouver qu'il n'a plus besoin d'eux, et qu'il a su acquérir par lui-même cette fortune qu'ils ne doivent qu'à leur père.

Puis il y a encore un autre sentiment, un autre souvenir, qui plus que tout le reste peut-être a transformé ce jeune homme. L'image de sa cousine est sans cesse présente à sa pensée ; depuis qu'il a revu Emma, grande, sérieuse, embellie : depuis qu'il a trouvé en elle une charmante jeune fille à la place d'une enfant, il a senti que cette amitié qu'il avait pour l'enfant se changeait en adoration pour la jeune fille : il aime sa cousine ; et ce qui le désole, c'est qu'elle a de lui une fort mauvaise opinion. Elle lui a répondu bien froidement lorsqu'il s'est retrouvé avec elle à la lecture du testament, et il ne l'a pas revue depuis ; il sait que madame Sarget ne recevrait pas ses visites : elle prétend qu'elle ne fait en cela que suivre les dernières volontés de M. Monlaurent.

Tout cela désespère Félix, autant cependant que peut se désespérer un jeune et joli garçon qui n'est point romantique et n'a nulle envie de ressembler à *Werther* ou à *Antony* ; mais sans avoir ces passions qui nous dérangent la cervelle et nous font commettre des extravagances, on peut aimer beaucoup, aimer véritablement. Les feux qui ont le moins d'éclat sont ceux qui durent le plus longtemps.

S'il ne peut voir Emma, Félix n'en a pas moins le droit de s'occuper d'elle. Il sait qu'elle demeure avec madame Sarget dans une fort jolie maison qu'elles ont louée sur le boulevard Malesherbes, qu'elles ont un fort beau jardin dont sa cousine s'occupe beaucoup, et que ces dames ne sortent presque pas, ce qui est tout naturel dans la première année du deuil de M. Monlaurent. Enfin Félix se dit que la charmante Emma, ayant environ douze mille francs de rente, ne pourra manquer d'avoir de nombreux aspirants à sa main, et que lui, chétif, ne pourra pas se permettre de se mettre sur les rangs, et que quand bien même il acquerrait de la fortune, sa cousine ne voudrait pas de lui, parce qu'elle le croit un mauvais sujet.

— Et en quoi suis-je donc un mauvais sujet ? se dit notre jeune amoureux. J'aime le plaisir... n'est-ce pas de mon âge ?... Mais pour m'en procurer, je n'ai jamais fait une action dont j'aie à rougir !... Mon combat avec Trabucos est la seule circonstance que l'on puisse me reprocher ?... et, après tout, ce n'est qu'une scène comique. Malheureusement ma jolie cousine est trop peu au fait de ces incidents de coulisse, elle a pris cela au sérieux, et ceux qui l'entouraient lui ont fait regarder comme une monstruosité ce qui n'était qu'une folie de jeune homme. Cette cruelle madame Sarget, qui est près d'Emma, ne fait encore que me noircir à ses yeux... Ah ! pourquoi me suis-je moqué de son nez !... Quelle faute de se moquer du nez d'une femme !... et comme la jeunesse est imprudente !

Quant à ses cousins, Félix ne s'en était pas occupé du tout ; que lui importait la conduite de ces trois phénix, auxquels cependant il n'avait pas voulu ressembler.

— Ils ne songent probablement qu'à augmenter leur fortune, se disait-il ; ils sont heureux à leur manière. Grand bien leur fasse !... Mais ne point aimer les femmes, le bon vin... ne jamais faire une partie de billard ou d'écarté... est-ce que c'est vivre ? seulement je conviens qu'il ne faut pas abuser de tout cela... c'est bien gentil, mais c'est dangereux ! Et parce que j'aimais les plaisirs de mon âge, ma cousine est persuadée que j'ai tous les défauts... On lui aura dit que j'étais un libertin, un ivrogne, un joueur !... Ah ! je suis bien sage, bien rangé, bien travailleur maintenant... mais elle ne le sait pas... Si je le lui disais, elle ne me croirait pas... et d'ailleurs comment le lui dire, puisque sa tutrice, madame Sarget, ne veut pas me recevoir ?... Enfin, si je rencontrais ma cousine, au moins le grand nez ne pourrait pas m'empêcher de la saluer, de lui dire bonjour...

Et dans l'espoir de rencontrer Emma, Félix allait souvent se promener sur le boulevard Malesherbes, et dans le parc de Monceaux ; puis il poussait jusqu'au bois de Boulogne, qui était tout près. Il rencontrait beaucoup de promeneurs, il apercevait une foule de jolies femmes, toutes luttant de toilette, d'élégance, mais il ne voyait pas Emma, et il s'en retournait tout triste en se disant :

— Elle se promène dans son jardin... Ah ! que ne puis-je m'y promener avec elle... Mais elle ne pense jamais à moi, sans doute ! et pourtant elle avait de l'amitié pour son cousin... Ces mille francs qu'elle avait donnés pour m'aider à payer mes dettes... n'est-ce pas une preuve ?... Oui, de la bonté de son cœur... Peut-être en aurait-elle fait autant pour tout autre menacé de la prison.

Félix faisait ces réflexions en marchant au milieu des promeneurs, ce qui l'exposait à se jeter assez souvent dans les personnes qui venaient devant lui, et à s'entendre dire :

— Mais prenez donc garde !

— Il ne voit donc pas clair, ce monsieur...

— Vous ne pouvez donc pas regarder devant vous ?

Et autres phrases de ce genre aux quelles le jeune homme trouvait tout simple de ne point répondre.

Mais il en est une, cependant, qui sort un peu trop des plaintes ordinaires et lui fait dresser les oreilles : une grosse voix vient de lui crier :

— Imbécile ! qui marche sur la robe de ma femme... Si je savais qu'il l'eût fait exprès...

Félix s'est arrêté pour répondre à ce monsieur qui le traite d'imbécile et qu'il avait déjà dépassé ; mais presque aussitôt deux cris se font entendre : une voix d'homme et une de femme.

— Ah ! mon Dieu !... mon frère de lait !...

— Ah ! monsieur Félix !...

Celui-ci lève les yeux et reconnaît dans le couple qui s'est arrêté Dufilet et sa femme, la belle Laurette.

Le jeune boucher se frappe le front de désespoir, en s'écriant :

— C'est mon frère de lait que j'ai appelé imbécile !... Mais je suis une bourrique !... un âne ! Monsieur Félix, donnez-moi un soufflet, je l'ai bien mérité !...

— Mais non, Dufilet, je ne veux pas te donner un soufflet !... J'en serais bien fâché !

— Si fait... si, je vous en prie, donnez-moi un soufflet, ça me fera plaisir... Je vous ai appelé imbécile... j'en suis un autre.

— De la part d'un étranger, cela aurait pu me fâcher, mais avec toi... jamais... D'ailleurs il paraît que j'ai marché sur la robe de ta femme, et je mérite d'être grondé...

— Oh ! monsieur, ce n'est rien du tout... la garniture... ça se recoud...

— Ça se recoud... ce n'est rien... Marchez-y encore, si ça vous fait plaisir, mon frère de lait, ne vous gênez pas !...

— Est-ce que tu crois que c'est pour me faire plaisir que j'ai marché sur la robe de ta femme?... Je suis bien distrait... Je regardais à droite et à gauche... Je ne vous voyais pas... voilà pourquoi j'ai commis cette maladresse... Mais laissons cela. Ah çà, dites-moi, vous ne vous gênez pas, il me semble; vous venez vous promener au bois de Boulogne dans la semaine! et la boutique :

— La boutique !... oh ! nous sommes dans le grand genre nous autres, nous fermons à quatre heures et demie... Alors nous prenons un milord découvert, et nous nous faisons conduire ici... Nous nous promenons à pied, parce que Laurette prétend que pour se promener en voiture il faut en avoir une à soi...

— Est-ce que j'ai tort, monsieur Félix ; est-ce qu'on fait une belle figure dans une voiture de place au milieu de tous ces beaux équipages ?

— Non, sans doute ; mais il y a des remises fort élégants, et soyez bien persuadée, madame, que la plupart de ces personnages que vous voyez se carrer dans de brillants équipages n'en sont pas plus propriétaires que vous !... Tout se loue à Paris ! le luxe, les voitures, les laquais, les livrées, les toilettes... tout, jusqu'à la réputation !...

— Tu entends, Laurette, tout se loue... Je suis bien aise que tu aies entendu cela... même la réputation... Comme ça, mon frère de lait, si je voulais avoir la réputation d'un homme d'esprit, je pourrais en louer une ?

— Cela te coûterait cher, par exemple ; il faudrait t'adresser aux journaux, y faire mettre des articles, des réclames... que tu ferais toi-même, et où l'on dirait : « M. Dufilet, le boucher le plus spirituel de Paris, a toujours des côtelettes très-tendres... »

— Tiens, tiens, ça serait gentil ça... Laurette, veux-tu que je sois le boucher le plus spirituel de Paris ?

— Avisez-vous de faire une chose comme cela, et je m'en retourne à Belleville, chez papa.

— Voyez-vous, ma femme ne veut pas que je sois spirituel !... Mais c'est pour rire que je disais cela... Mon frère de lait... si j'osais vous proposer... nous serions bien flattés si vous vouliez accepter le bras de mon épouse...

— Mais, Dufilet, tu as tort d'offrir cela à monsieur qui allait d'un autre côté !...

Félix aurait préféré s'en retourner à Paris ; mais il craint de paraître fier et de faire de la peine à son frère de lait en refusant de donner le bras à sa femme. D'ailleurs la jeune bouchère était assez jolie pour que la proposition ne fût pas désagréable : la femme de Dufilet était un peu forte, un peu massive, un peu haute en couleurs, mais elle possédait une paire d'yeux dignes d'une Andalouse, des traits réguliers, une bouche fraîche et bien garnie, et des appas parfaitement accusés, qui damaient le pion à toutes les crinolines !

C'est donc d'un air fort aimable que Félix offre son bras à la belle Laurette, en lui disant :

— Je serais très-heureux, madame, de faire quelques tours de promenade avec vous.

La jeune femme devient violette de plaisir, et prend le bras qu'on lui présente ; Dufilet est tout aussi ravi que sa femme, et dans sa joie se tient derrière elle et marche aussi sur sa robe. Il faut que Félix se fâche pour que son frère de lait se décide à venir marcher à côté de lui.

On se promène quelque temps, puis par moments on s'arrête sur le bord de la route pour voir passer les équipages et les élégantes qui trônent dans les calèches.

La belle Laurette n'a pas assez de ses deux yeux pour admirer les toilettes, les parures, les coiffures des dames, et Dufilet dit à chaque instant :

— Fichtre ! pour du beau monde, voilà du beau monde... Laurette, toi qui aimes le distingué, tu dois être contente... Ma femme veut toujours venir se promener au bois de Boulogne pour voir du distingué... Laurette, quand je vendrai deux bœufs par jour, je te donnerai des robes... des coiffures comme celles-là...

— Voulez-vous bien vous taire, Dufilet ; est-ce que tout le monde a besoin de savoir que vous vendez du bœuf !...

— Mais tout le monde en mange ; c'est donc pas un état à mépriser. Oh ! les belles dames ! Tout ça ce sont des comtesses et des marquises, n'est-ce pas, mon frère de lait ?

— Mon ami, j'en vois beaucoup qui sont effectivement marquises ou comtesses le soir devant le trou du souffleur ! Mais je ne puis t'affirmer... Eh ! mais que disais-je... Tiens, cette jeune femme qui a une si brillante toilette et qui avance dans cette calèche... c'est, ou du moins c'était une actrice des Délassements... Anita... la petite Anita...

— Quoi, cette belle dame... c'est pas une princesse ?

— Si, c'est ce que nous appelons une princesse de la rampe... Ah ! mon Dieu !...

— Qu'avez-vous donc, monsieur Félix ?

— Ce monsieur qui est dans la calèche... à côté d'Anita... c'est Félicien... c'est l'aîné de mes cousins...

En ce moment la calèche, qui n'allait pas vite, vient raser les promeneurs. Mademoiselle Anita a vu Félix tenant la belle Laurette sous son bras ; elle se met à rire en le regardant, et lui fait un petit signe de tête.

— La belle dame vous a salué, mon frère de lait ! s'écrie Dufilet, tandis que Félix regarde toujours la calèche qui s'éloigne. Etes-vous heureux de connaître des femmes si hupées !

— Est-ce que tu voudrais en connaître, toi, par hasard ? demande la belle Laurette en faisant des yeux furibonds à son mari.

— Ah ! bon, voilà ma jalouse qui s'emporte... C'est comme le matin, quand je ris avec une bonne, en lui servant son pot-au-feu, madame me fait des scènes...

— Dufilet, taisez-vous ! vous ne dites que des bêtises !...

— Je te dis que tu es une jalouse !

Félix laisse son frère de lait se chamailler avec sa femme ; il leur dit adieu et s'en retourne à Paris. Mais tout le long du chemin il songe à ce qu'il vient de voir, et se dit :

— Félicien !... le chaste Félicien avec Anita Ce n'est pas possible, je me serai trompé !

XIII

LES FEMMES

Félix songeait encore à ses rencontres au bois de Boulogne, lorsque, le lendemain matin, il reçoit un petit billet bien parfumé et bien mal écrit; il devine que c'est une lettre de femme, et pousse un cri de surprise en voyant qu'il est d'Anita. Il s'empresse de lire ce billet.

« Mon bon petit Félix, tu étais hier avec une énorme particulière. Quelle masse ! La figure n'est pas mal, mais le tout n'est pas *chic !* Viens donc me dire où tu as péché cette baleine ; viens me voir, j'ai de drôles de choses à te raconter sur quelqu'un que tu connais beaucoup. Je demeure maintenant rue de la Chaussée-d'Antin, 24. A propos, ne vas pas demander Anita, on ne saurait pas ce que tu veux dire. Je suis maintenant la signora Mirobelly, Italienne pur sang. J'apprends à jouer de la guitare.

« Mais pour toi je serai toujours,

« ANITA. »

Félix relit ce billet, et, curieux de savoir s'il ne s'est pas trompé la veille en croyant reconnaître son cousin Félicien dans le cavalier qui accompagnait la jeune courtisane au bois, il se dit : « Je me rendrai à cette invitation, non que je veuille renouer des relations avec Anita, mais parce que je veux savoir si en effet Félicien était avec elle. »

Et sur les deux heures, Félix se rend à l'adresse indiquée, entre dans une fort belle maison, trouve un concierge dont la loge est un salon dans lequel il y a un piano. Il demande madame Mirobelly à un monsieur qui semble fort occupé à lire son journal, et qui lui répond sans détourner la tête :

— Au premier... porte à droite.

Félix est presque tenté de demander excuse à ce monsieur pour l'avoir dérangé dans sa lecture. Mais il se hâte de monter l'escalier en se disant :

— Comme tout se perfectionne à Paris, les concierges ont des salons !.. Incessamment ils mettront un Suisse à leur porte, et il faudra s'adresser au Suisse pour savoir si le concierge veut bien vous recevoir... Comme Paris se métamorphose !... l'élégance se fourre partout ; cependant il faut avouer que nous ne sommes pas encore à la hauteur des Anglais... dont les ramoneurs ont voiture, et les gens de la plus basse classe sont constamment en habit noir et en cravate blanche. En arriverons-nous là ; il faut espérer que non ; je ne connais rien de plus laid qu'un mendiant en toilette.

Félix a sonné. Un petit groom vient lui ouvrir. Il entre dans un fort bel appartement, puis une femme de chambre suffisamment laide, pour ne point donner de distraction aux visiteurs, vient savoir qui se présente. Le jeune homme dit son nom. Aussitôt la caméristo l'introduit, en s'écriant :

— Oh ! vous pouvez entrer, monsieur, madame est visible pour vous !

Après avoir traversé un salon meublé avec autant de luxe que de coquetterie, Félix est introduit dans un délicieux petit boudoir où l'on a prodigué les glaces, le velours, le satin et les fleurs ; il est tellement ébloui par tout ce qu'il voit, qu'il s'arrête au milieu de la pièce en s'écriant :

— Mais où suis-je donc ? Tout ce que je vois est ravissant ! C'est donc une fée ou tout au moins une déesse qui habite ce séjour ?

— Oui, mon petit... et la déesse, c'est moi !

En disant cela, mademoiselle Anita, qui était couchée et presque roulée sur un divan, se lève vivement et va embrasser Félix, en lui sautant au cou.

Le jeune homme se laisse embrasser... C'est toujours ce qu'un homme a de mieux à faire, sous peine de passer pour un Joseph ! et c'est une réputation qui ne tente pas. Puis il s'assoit à côté d'Anita, en lui disant :

— Je te fais mon compliment... Tu as donc fait fortune ?

— Oui, mon petit, je suis au pinacle !... Je suis enfin la beauté à la mode !...

— Et pourquoi le nom de Mirobelly ?

— Parce que celui d'Anita était trop connu au boulevard.

— Et tu pinces de la guitare à présent ?

— Je pince bien autre chose... Je me fais Italienne, il ne me manque plus que de la voix.

— C'est magnifique chez toi... Les dorures, les glaces, les fleurs les plus rares... Tu ne te refuses rien !

— Dis donc qu'on ne me refuse rien... Ton cousin fait bien les choses, n'est-ce pas ?

— Quoi !... vraiment ? Je ne m'étais donc pas trompé... C'était Félicien Monlaurent qui était hier en calèche avec toi ?

— Lui-même.

— Il est ton amant ?

— Mon amant ! Oh ! non pas... Comme tu y vas ! Il est mon entreteneur, ce qui n'est pas du tout la même chose. Mais il est trop bête, trop sot, trop suffisant pour que j'aie jamais de l'amour pour lui !... C'est une huître que ton cousin, un véritable homme à écaille...

— C'est ainsi que tu l'arranges ! un homme qui te met dans un palais ou à peu près !

— Ne sais-tu pas que ce n'est jamais l'homme qui paye qui est l'ami du cœur ?... Il y a peut-être quelques exceptions, mais elles sont rares ?

— Je n'en reviens pas !... Félicien, si sage... qui n'osait pas lever les yeux devant une femme...

— Félicien !... mais il les adore les femmes... Mais elles lui feront faire tout ce qu'elles voudront !... Il a déjà été avec Carlina et la petite Tantinette... Mais lorsque j'ai paru, je n'ai eu qu'un certain regard à lui jeter, et il était à mes pieds... Comme j'aime la danse, il me mène au bal presque toutes les nuits.

— Du vivant de son père, il se couchait tous les soirs à dix heures.

— Raison de plus ! il se dédommage. C'est comme les écoliers à qui on a fait prendre leur lait sans sucre, et qui ensuite se font du sirop.

— Et avant toi, il avait déjà des maîtresses ?

— Je crois bien... puisque je te répète que ce monsieur idolâtre notre sexe. Et si je n'y veillais, il y a une certaine Antonia qui lui fait de l'œil... et qui voudrait bien me l'enlever... Mais je le tiens bien, et quand je le lâcherai, c'est qu'il sera complétement déplumé...

— Mais, Anita, c'est fort vilain ce que vous dites là !... Comment, vous voulez déplumer entièrement mon cousin !

— Pourquoi pas... moi, ou une autre... Et si ce n'est pas moi, certainement ce sera une autre... Oh ! je connais à présent Félicien comme si je l'avais moulé en cire... C'est une vraie pâte de galette. Mais à propos, Félix, dis-moi donc ce que c'était que ce grenadier déguisé en femme à qui tu donnais le bras hier au bois ?

— C'est la femme de mon frère de lait... une bouchère...

— Ah ! c'est donc cela. Je me disais : « Quels gigots ! » Vous donnez dans les bouchères à présent ?

— Je ne donne dans rien du tout. Je deviens sage. Je me range.

— Vous êtes donc malade ?

— Nullement; mais s'il y en a qui se ruinent, moi j'ai envie de m'enrichir.

— Eh bien ! mon ami, vous êtes moins bête que les autres alors !...

La sonnette se fait entendre, et la femme de chambre vient annoncer :

— M. Félicien !

— C'est bon... faites attendre dans le salon... Je ne suis pas encore visible... Tout à l'heure... Je sonnerai.

La caméristo sort.

— Diable ! mais que va penser Félicien en me trouvant ici ? dit Félix.

— Oh ! cela me serait parfaitement égal, et je ne manquerais pas de motifs à lui donner... Mais j'aimerais mieux que, sans qu'il te voie, tu entendes un de mes entretiens avec ton cousin, afin que tu juges de l'empire que j'ai sur lui... Tiens, entre dans ce cabinet vitré, de là, tu entendras parfaitement... Tu pourras même voir, en écartant un peu le rideau.

— Mais je ne tiens pas à écouter votre entretien, moi.

— Si, si, je veux que tu puisses connaître ton cousin, que tu crois un Caton ; entre donc...

— Ne me faites pas voir trop de choses au moins !

— Qu'il est bête !... Il n'y a pas de danger !

Anita a poussé Félix dans le cabinet dont elle referme la porte sur lui. Puis elle sonne sa femme de chambre et lui dit de faire entrer M. Félicien.

Le fils aîné du sévère M. Monlaurent entre dans le boudoir. Mais ce n'est plus ce jeune homme tel que nous l'avons vu chez son père. D'abord, en huit mois, Félicien semble avoir vieilli de dix ans : à la place de sa mine fraîche et rose, vous voyez une figure pâle, allongée, fatiguée; des traits déjà flétris, des yeux bouffis et bordés de rouge, une expression vague dans la physionomie, enfin tout ce qui annonce un homme qui a fait un grand abus des plaisirs, et auquel un docteur dirait qu'il est grand temps de s'arrêter.

Félicien pénètre dans le boudoir d'un air d'assez mauvaise humeur, et il se jette sur une causeuse en disant :

— Vous me faites donc faire antichambre maintenant... Pourquoi donc ne me laissez-vous pas entrer sur-le-champ où vous êtes ?

— Mais parce que cela m'a plu apparemment ! D'abord vous n'avez pas fait antichambre, puisque vous étiez dans le salon...

— Je ne comprends pas cette idée de m'empêcher d'entrer !

— Vous ne comprenez rien, vous ? et si je m'habillais ?

— Eh bien ! quand je vous aurais vue en chemise, ce ne serait pas la première fois...

— Oh ! que c'est joli ce que vous dites là... Vous devriez le tambouriner. .

— Je n'ai pas besoin de le tambouriner. Est-ce que tout le monde ne sait pas que vous êtes ma maîtresse...

— Vous devriez l'écrire sur votre chapeau, ça se verrait mieux...

— Vous avez vos nerfs aujourd'hui, vous prenez en mal tout ce que je vous dis!

— Oui, j'ai mal aux nerfs, et c'est vous qui en êtes cause... Vous entrez ici comme un furibond ! Monsieur me fait une scène parce qu'on ne l'a pas laissé tout de suite arriver jusqu'à moi... qui prenais un bain de pieds...

— Allons, j'ai eu tort... Voyons, ma biche, ne vous fâchez pas...

Et Félicien, se rapprochant de la jeune femme, lui prend la main et la porte à ses lèvres; mais Anita retire vivement sa main en disant :

— Laissez-moi... vous faites semblant de m'aimer, mais je vois bien qu'il n'en est rien... Ce n'est plus pour moi que vous soupirez !...

— Ah! ma toute belle... je ne mérite pas ce reproche... et je veux...

— Laissez-moi, vous dis-je !... Quand on aime bien une femme, on s'empresse de satisfaire à tous ses désirs, de contenter ses moindres fantaisies...

— Eh bien ! il me semble que c'est ce que je fais.

— Il ne me semble pas cela du tout à moi ! Il y a deux jours je vous ai montré, chez un bijoutier, une petite broche en diamants ou en rose, qui me plaisait beaucoup... Je croyais que monsieur s'empresserait de me l'apporter... un méchant bijou... Je suis sûre que cela vaut quatre ou cinq mille francs au plus !... et cependant vous n'avez pas eu l'idée de me faire ce cadeau.

Félicien allonge un peu sa mine; cependant il répond en cherchant ses mots :

— Ah ! ce bijou... C'était une broche, je crois... Mais je n'en étais pas bien certain... c'est pour cela que... dans le doute...

— Vous mentez... Vous saviez fort bien ce que je désirais... Ah ! si mademoiselle Antonia vous avait témoigné le même désir, il y a longtemps qu'il serait satisfait...

— Ah ! quelle idée !... Et à propos de quoi me parler d'Antonia, à laquelle je ne songe pas, quand c'est vous seule que j'adore... Voyons, chérie, laisse-moi t'embrasser et...

Anita repousse très-brusquement son adorateur, et se lève vivement en s'écriant :

— Ah ! le monstre ! le traître ! l'infâme... il ose m'approcher... et il empoisonne la tubéreuse... une odeur que je ne puis pas souffrir ! Mais c'est celle favorite de mademoiselle Antonia... Vous venez de chez elle, sans doute, et elle vous aura parfumé ainsi.

— Je vous jure qu'il n'en est rien... J'avais plusieurs flacons sur ma toilette, j'ai mis du premier venu sur mon mouchoir, c'est sans intention...

— Vous mentez ! C'est pour plaire à Antonia !... Eh bien ! monsieur, je me laisserai faire la cour par le prince de Boursicoff... C'est un riche boyard... qui m'assomme de ses bouquets, de ses billets doux. Oh ! il me donnera des broches, celui-là !... et il ne sentira pas la tubéreuse.

Félicien court dans la chambre après Anita en lui disant :

— Ah ! tendre amie, vous ne ferez pas cela... Vous n'écouterez pas votre boyard... n'est-ce pas ?... c'est pour me désoler que vous me dites cela...

— Si, si, j'écouterai Boursicoff... Allez vous parfumer pour Antonia... Allez lui acheter une broche...

— Mais jamais ! C'est vous seule que j'idolâtre... Je cours l'acheter, cette broche, mais c'est pour venir la déposer sur vos genoux... Et avant je passerai chez moi. Je changerai de linge pour ne plus sentir cette odeur qui vous déplaît... Alors... vous ne me repousserez plus, n'est-ce pas?...

— Alors... alors je serai peut-être assez bonne pour vous pardonner...

— Ah ! je cours, je vole, et je reviens.

Félicien est parti. Félix sort du cabinet. Anita s'est jetée sur son divan, où elle se roule à force de rire, puis elle regarde Félix :

— Voilà comme ça se joue, cher ami ; trouves-tu que ton cousin est assez serin comme cela ?

— Ma foi, oui... j'avoue que je n'en reviens pas... Quel changement s'est fait en lui, mon Dieu ! O mon oncle !... si vous voyiez votre bien-aimé à présent... Mais non, il vaut mieux qu'il ne l'ait pas vu ainsi... Et il va t'apporter la broche ?

— Assurément ! Je voudrais bien voir qu'il se présentât sans cela...

— Adieu, Anita.

— Tu reviendras me voir, j'espère ?

— Oui... à propos, et Trabucos ?

— Ah ! fi donc ! il est dans le troisième dessous.

Félix s'éloigne, tout en pensant que si son cousin se laisse ainsi berner par les femmes, son quart de million n'ira pas loin.

XIV

LE PARC DE MONCEAUX.—LA PETITE MENDIANTE

Vous connaissez assurément le parc de Monceaux? Charmante promenade, belles allées, frais ombrage, une grotte, de l'eau, de beaux gazons, de belles fleurs ! C'est plus qu'il n'en faut pour attirer les promeneurs, et pourtant un des charmes de cette promenade, c'est qu'on n'y rencontre jamais beaucoup de monde. D'où vient cela? Du quartier où elle est située, et qui est encore bien éloigné du centre, du mouvement de Paris.

Félix, bien qu'il demeurât fort loin de là, allait se promener dans le parc de Monceaux dès que ses affaires lui laissaient un moment de liberté, ce qui devenait rare, car depuis quelque temps il avait montré tant d'ardeur au travail, il avait si bien géré les affaires dont on l'avait chargé, que le chef de la maison de commerce dans laquelle il était employé venait de l'élever à un emploi important, et lui avait annoncé qu'il aurait une part dans les bénéfices de la maison.

Félix se sentait fier de sa nouvelle position; il se disait : « Si ma cousine savait comme on est content de moi !... elle changerait d'opinion sur mon compte... Si j'allais le lui dire... elle ne me croirait pas !... on ne croit jamais le bien que nous disons de nous-mêmes... D'ailleurs on ne veut pas me recevoir... Oh ! madame Sarget !... pourquoi ai-je été vous offrir un étui pour votre nez ! »

C'était en se promenant dans le parc de Monceaux que le jeune homme se livrait à ces réflexions. Il venait d'entrer dans une allée, lorsqu'une petite fille de huit à neuf ans s'arrête devant lui, et lui sourit, mais sans lui tendre la main pour implorer sa pitié. C'était une enfant pâle, chétive, dont la figure douce, intéressante, n'avait pas cette expression fausse, cette tristesse larmoyante et factice que l'on trouve trop souvent chez les enfants auxquels on a donné des leçons de mendicité. Celle-ci était habillée pauvrement, mais du moins elle n'était pas déguenillée. Sa figure était propre ; il n'y avait rien en elle de cette misère qui croit devoir se rendre dégoûtante pour mieux intéresser.

Félix, qui venait assez souvent dans le parc de Monceaux, y avait, dès la première fois qu'il s'y était promené, aperçu cette petite fille qui se tenait à côté d'une pauvre femme aveugle. L'enfant regardait les passants sans oser leur demander ; mais son regard était si expressif, si touchant, qu'il en disait plus que des paroles. Il avait mis une pièce d'argent dans la main de la petite fille, et s'était éloigné sans écouter ses remercîments.

Mais chaque fois qu'il était revenu dans le parc, il y avait vu la pauvre aveugle et sa petite fille. Alors chaque fois le jeune homme s'était aproché de l'enfant et lui avait remis son offrande ; cela était devenu pour lui un plaisir et presque un devoir à remplir, et il était inquiet lorsqu'il se promenait longtemps sans rencontrer la petite mendiante.

De son côté, la petite fille éprouvait la plus vive joie dès qu'elle apercevait ce monsieur, toujours si généreux pour elle et sa mère. Aussi du plus loin qu'elle le voyait, elle s'écriait : « Le voilà ! » et quittant la pauvre aveugle, s'empressait d'aller au-devant de Félix, qui lui souriait, et auquel elle disait d'une voix touchante :

— Ah ! monsieur, ce n'est pas pour vous demander que j'accours... mais c'est pour avoir le plaisir de vous remercier pour ma mère et pour moi !

Cette fois Félix a doucement pressé la main de l'enfant, en lui disant :

— Bonjour, chère petite... où est votre mère ?

— Là-bas... sur ce banc... Oh ! elle n'est pas inquiète, car je lui ai dit que je vous voyais et que j'allais vous dire bonjour.

— C'est bien, mon enfant ; mais je veux, moi, que vous participiez un peu à mon changement de fortune. Je vais gagner plus d'argent qu'autrefois... je dois être plus généreux avec vous ; tenez, prenez ceci et portez-le à votre mère.

En disant ces mots, Félix avait mis une pièce de vingt francs dans la main de la petite fille ; celle-ci pousse un cri de surprise, puis murmure :

— Vingt francs ! Ah ! monsieur, c'est trop... ma mère me grondera d'avoir accepté tant que cela... Pourquoi me donnez-vous tant d'argent, monsieur ?

— Je vous le repète, mon enfant, parce que je suis moi-même plus riche que je ne l'étais il y a huit jours, et puis parce que le nouvel emploi que j'occupe ne me permettra pas de venir me promener ici aussi souvent que par le passé ; vous voyez donc bien que je dois être plus généreux. Allez porter ces vingt francs à votre mère, et dites-lui qu'il y a encore pour elle du bonheur sur la terre, puisqu'elle a une fille aussi charmante, aussi dévouée que vous.

La petite a des larmes dans les yeux ; on voit qu'elle voudrait et qu'elle n'ose pas baiser cette main si secourable... mais elle prend les vingt francs en s'écriant :

— Ah ! je vais rendre ma mère bien heureuse !...

Puis elle se sauve en courant vers le banc où est la pauvre aveugle.

Félix continue sa promenade. Il avait depuis longtemps oublié la petite mendiante, lorsqu'il aperçoit, assez loin devant lui, venir deux dames en deuil ; son cœur bat, il s'arrête, regarde avec attention... bientôt dans l'une de ces personnes là il a reconnu ou plutôt il a deviné sa cousine Emma.

— C'est elle !... oh ! oui c'est elle ! se dit-il... Je la rencontre donc enfin... Quel bonheur que je sois venu ici aujourd'hui !... Je vais pouvoir lui parler un peu... J'espère bien que la tutrice ne m'empêchera pas de dire bonjour à ma cousine.

C'était en effet Emma et madame Sarget qui par extraordinaire étaient venues se promener dans le parc de Monceaux. Ces dames avançaient vers l'endroit où Félix s'était arrêté, et comme elles avaient chacune un voile, elles n'avaient pas remarqué le jeune homme, qui se tenait contre un arbre sans marcher. Celui-ci se trouve donc tout à coup devant elles et les arrête en les saluant.

Emma paraît émue en reconnaissant son cousin, madame Sarget s'écrie d'un ton aigre :

— Monsieur Félix !... Ah ! cette rencontre !...

— Je remercie le hasard qui me permet de vous trouver ici, ma chère cousine, car il y a bien longtemps que je brûle du désir de vous voir... de savoir de vos nouvelles...

— Je vous remercie, mon cousin, mais vous vous portez bien, vous ?

— Oui, ma cousine, mais vous ?... Ah ! vous êtes encore embellie... et c'était difficile cependant...

— Oui, oui, nous nous portons bien... nous sommes très-belles ! dit madame Sarget avec humeur, et maintenant que vous savez tout cela... venez Emma ; bonjour, monsieur Félix !...

Mais Félix se met devant la vieille dame, en lui disant d'un ton assez ferme :

— Ah ! un moment, madame, vous me permettrez bien, j'espère, d'échanger quelques mots avec ma cousine, que je n'ai pas vue depuis onze mois ! Suis-je donc un homme dont la présence doive causer de l'effroi... et qu'ai-je donc fait, après tout pour être repoussé ainsi ?... Quelques folies de jeunesse doivent-elles toujours me faire traiter comme un paria ! Sachez-le, madame, je n'ai pas persévéré dans une mauvaise route : grâce à mon aptitude au travail, grâce à la régularité de ma conduite, le chef de la maison dans laquelle je n'étais que simple employé, vient de m'élever au poste de premier commis et de me donner un intérêt dans sa maison...

— C'est possible, monsieur, tant mieux, si cela est vrai.. mais, puisque vous travaillez si bien maintenant, que faites-vous donc dans le parc de Monceaux au milieu de la journé ?... Est-ce que c'est en vous promenant ici que vous tenez vos écritures ?

— Madame, dans toutes les affaires on a parfois des moments de loisir... les miens, je les emploie à venir me promener ici... parce que... pourquoi ne l'avouerais-je pas ! parce que j'espérais toujours y rencontrer ma cousine, qui, je le sais, demeure dans les environs... aujourd'hui seulement j'ai eu ce bonheur !...

— C'est que nous ne passons pas notre temps à nous promener, nous, monsieur. Je ne crois pas que vous rencontrerez ici Victorin, il travaille aussi, lui, il veut faire fortune ! et il y arrivera... car il est tous les jours à la bourse !...

— Vous croyez que cela suffit pour faire fortune, madame ?

— Je crois, monsieur, que l'on doit y faire ses affaires mieux que dans le parc de Monceaux.

— Et mon cousin Félicien... fait-il aussi fortune, madame ?

— Félicien... il y a longtemps que nous ne l'avons vu, il nous néglige un peu... Oh ! mais c'est que probablement il travaille trop... c'est un garçon si sage !... si rangé !... Prenez-le pour modèle, vous vous en trouverez bien !

— Ce n'est pas mon intention, madame. Enfin, ma cousine, me garderez-vous toujours rancune, et ne léverez-vous pas cette consigne sévère qui me prive d'aller vous voir... lorsque cela me ferait tant plaisir ?

Emma est embarrassée, elle balbutie :

— Mon cousin... s'il ne dépendait que de moi... je ne mettrais pas d'obstacle à vos visites... mais...

— Mais ! mais !... j'en mettrais moi ! s'écrie madame Sarget, d'abord comme votre tutrice, ensuite comme devant obéir aux dernieres volontés de votre père... et je m'étonne, Emma, que vous puissiez les oublier si vite !...

— Je ne les oublie pas, madame, puisque je m'y conforme...

— Mais, ma cousine, si mon oncle vivait encore, il ne me repousserait plus de chez lui... sachant quelle est ma conduite à présent, il serait le premier à m'ouvrir ses bras...

— Ta, ta, ta !... tout cela est bien facile à dire, à présent que votre oncle est mort !... Tenez, monsieur Félix, nous sommes aussi fines que vous... et notre grand nez ne nous empêche pas d'y voir clair !... vous voudriez venir voir Emma pour lui faire la cour... pour tâcher de lui plaire, parce que vous savez que c'est un excellent parti ! elle a déjà douze mille francs de rente, sans compter tout ce que je lui laisserai... car elle sera ma seule héritière, et sans compter toute la fortune que son frère Victorin veut gagner pour elle... car il veut aussi tripler ce que sa sœur possède déjà... Eh bien ! j'en suis fâchée, monsieur Félix, mais tout cela ne sera pas pour vous...

Félix ne peut retenir un mouvement de colère ; il fait un pas en arière en s'écriant :

— Assez, madame, vous m'insultez maintenant en supposant que l'attachement que j'éprouve pour ma cousine n'a que l'intérêt pour base... Ah ! si Emma était pauvre, je serais trop heureux d'être agréé par elle ! mais elle est riche, vous avez raison, je ne dois pas me permettre de lui faire la cour... Mais ce que vous ne pouvez empêcher, c'est que je l'aime, que je n'aime plus désormais une autre femme... Adieu, ma cousine, adieu ; pardonnez-moi de vous aimer et laissez-moi faire des vœux pour votre bonheur.

Le jeune homme s'est éloigné. La charmante Emma est toute troublée, tout émue par ce qu'elle vient d'entendre. Madame Sarget hausse les épaules en murmurant :

— Il n'aimera plus d'autre femme !... Ah !... on les connaît ces phrases-là !... Je gagerais qu'il a au moins deux maîtresses... et une foule d'intrigues... Quand on fréquente le coulisses... que l'on fait le coup de poing avec des figurants... c'est fini, on ne devient plus un bon sujet ! Je pense, ma chère Emma, que vous ne croyez pas un mot de tout ce que votre cousin vient de vous débiter !... Ces messieurs-là n'ouvrent la bouche que pour mentir... Il travaille, il est premier commis ! Le plus souvent que je crois un mot de tout cela ! Allons, Emma, dépêchons-nous de rentrer...

Mais Emma était contariée d'entendre sans cesse dire du mal de son cousin ; elle répond avec humeur :

— Madame, je suis fatiguée, je veux me reposer un peu.

— Ah ! vous êtes fatiguée, c'est étonnant ! nous n'avons cependant pas beaucoup marché... Enfin, puisque vous le voulez... reposons-nous, il ne manque pas de bancs ici... Justement en voilà un là-bas.

Ces dames étaient alors tout près de la grotte ; elles s'asseyent sur un banc, qui n'était occupé à un bout que par la pauvre femme aveugle et la petite mendiante que nous connaissons. Emma était-elle réellement fatiguée? ou désirait-elle seulement prolonger son séjour dans le parc ? Quelque chose devait lui dire qu'elle y apercevrait encore son cousin. Un amoureux ne s'éloigne pas ainsi de celle qu'il aime, surtout lorsqu'il a si rarement l'occasion de la rencontrer. C'est bien ce que Félix avait pensé : après avoir quitté ces dames, il était revenu sur ses pas par un autre chemin, en se disant :

— Si je ne parle plus à ma cousine, je veux la voir au moins tant qu'elle sera ici ! et quand ce ne serait que pour faire endèver madame Sarget, je ne perdrai pas Emma de vue !

Il a donc vu Emma et sa rigide tutrice s'asseoir sur un banc ; d'abord l'envie lui vint d'aller s'y asseoir aussi ; mais ce serait s'exposer à faire encore fuir madame Sarget, qui emmènerait sa pupille ; il se contente de se promener dans l'allée devant ces dames. Sa cousine le voit fort bien, mais elle ne dit rien ; madame Sarget le voit aussi et murmure :

— Il le fait exprès ce monsieur... c'est pour me taquiner ! c'est bien... je m'en souviendrai... j'ai de la mémoire, moi !

Mais tout à coup la petite mendiante aperçoit Félix qui passait alors devant elle ; aussitôt elle jette un cri, pousse sa mère en lui criant :

— Maman, le voilà ! le voilà !... il passe devant nous !

Et aussitôt l'enfant se lève, salue à plusieurs reprises en souriant au jeune homme et en disant de sa petite voix bien douce :

— Bonjour, monsieur, portez-vous bien, monsieur, ma mère vous remercie bien, monsieur !

Félix a souri à l'enfant et lui fait en passant un signe d'amitié. Aussitôt madame Sarget dit à Emma d'un air railleur :

— Eh ! mais il a de jolies connaissances votre cousin... Avez-vous vu... cette femme qui est là sur notre banc... cette petite mal vêtue... Il les a saluées... ce sont de ses amies sans doute !

Emma ne répond rien, mais se rapprochant de l'enfant, qui est assise à sa gauche, elle lui dit :

— Vous connaissez donc ce monsieur qui vient de passer, ma petite ?

— Oh ! oui, madame... et nous sommes bien heureuses de le connaître... nous l'aimons bien, ma mère et moi... elle ne peut pas le voir, elle, puisqu'elle est aveugle... mais je lui ai bien dit comment il était !...

— Votre mère est aveugle, pauvre petite, pardon, je ne l'avais pas remarqué... et d'où connaissez-vous mon cousin?

— Votre cousin ! ce monsieur est votre cousin !... Ah ! que vous devez être fière d'avoir un cousin si bon... si généreux !... Figurez-vous, mademoiselle, que depuis plus d'un an nous venons tous les jours dans cette promenade, ma mère et moi... Nous sommes bien pauvres ! pourtant je n'ose guère demander, cela me serre le cœur... mais du moment que monsieur votre cousin nous a aperçues, je n'ai pas eu besoin de lui demander ; il s'est approché de nous et m'a mis une pièce d'argent dans la main... et puis il est revenu souvent dans ce parc, et chaque fois il ne manque pas de me donner... Cela nous a porté bonheur ; depuis ce moment, d'autres personnes nous ont donné aussi... pas autant que lui, mais c'est égal, c'est toujours beaucoup pour nous. Enfin, aujourd'hui, quand j'ai vu arriver notre bon jeune homme... c'est ainsi que nous l'appelons, ma mère et moi... j'ai couru au-devant de lui, et savez-vous ce qu'il m'a donné, mademoiselle ?... vingt francs !... une belle pièce d'or !... Je ne voulais pas accepter tant que cela, mais votre cousin m'a dit : « Je gagne bien plus d'argent maintenant, et je veux que vous participiez à mon changement de fortune... » Ah ! mademoiselle, vous voyez bien que j'ai raison de dire que vous devez être fière de votre cousin !...

Emma a les yeux pleins de larmes, elle se tourne vers madame Sarget, qui a fort bien entendu tout ce qu'a dit la petite fille, elle s'écrie :

— Eh bien ! madame, penserez-vous toujours du mal de mon cousin... Quand on est aussi bon pour les malheureux, peut-on être un si mauvais sujet?...

La vieille dame se pince les lèvres en répondant :

— Aussi bon !... aussi bon !... mauvaise tête et bon cœur, oui, cela se voit ; mais je trouve, moi, qu'il faut avoir bien peu d'ordre pour donner vingt francs à une mendiante, cela n'a pas le sens commun et n'annonce pas que l'on connaisse le prix de l'argent !...

Emma ne répond rien, elle se tourne vers la petite fille, et, lui mettant une pièce de vingt sous dans la main, lui dit :

— Tenez, pauvre enfant, j'aurais voulu vous donner plus, mais je n'ai que cela sur moi.

— Ah ! madame, vous êtes bien bonne... c'est encore beaucoup !... Ah ! maman, quelle belle journée pour nous... Viens, viens, donne-moi le bras, nous pouvons bien rentrer maintenant.

Et l'enfant s'éloigne avec sa mère, après avoir encore remercié et salué Emma.

De loin, Félix avait vu sa cousine parler à la petite mendiante ; il ne soupçonnait pas ce qu'elle pouvait lui dire et supposait seulement que la gentillesse de l'enfant l'avait intéressée. Mais lorsqu'il se décide à passer de nouveau devant le banc sur lequel est sa cousine, quelle est sa surprise en voyant le regard d'Emma qui ne le quitte pas, qui s'attache sur lui avec une expression douce et tendre, et lui adresse un charmant sourire avec un signe de tête plein de grâce et d'aménité.

— Mon Dieu ! qu'est-ce que cela veut dire ? se demande Félix, ma cousine n'est plus la même avec moi !... Je la retrouve me souriant comme autrefois... Est-ce que la petite mendiante lui aurait conté... Ah ! si c'est cela qui me rend l'amitié de ma cousine, on a donc bien raison de dire qu'un bienfait n'est jamais perdu !

XV

UN MONSIEUR QUI A BIEN DINÉ

On doit bien penser que Félix ne tarde pas à retourner dans le parc de Monceaux. Dès qu'il a un moment de libre, il prend un cabriolet et s'y fait conduire ; mais c'est en vain que pendant plusieurs semaines il s'y est rendu, et le matin et dans l'après-midi ; il n'y revoit pas sa cousine.

Il a questionné l'enfant de l'aveugle, il a su par la petite fille que sa cousine avait paru vivement touchée de sa bonté pour les malheureux, tandis qu'au contraire madame Sarget s'était écriée que cela n'avait pas le sens commun de donner vingt francs à des mendiantes. La petite avait bien entendu tout cela ; les enfants ont une mémoire excellente pour laquelle rien n'est perdu.

— Elle est bien jolie, bien bonne aussi, mademoiselle votre cousine, dit la petite fille, elle m'a donné un franc, en me disant qu'elle était fâchée de n'avoir que cela sur elle... Mais un franc c'est déjà beaucoup ; ordinairement on ne nous donne qu'un sou ou deux... Tout le monde ne vous ressemble pas, monsieur !

— Et tu n'as pas revu ma cousine dans ce parc depuis ce jour-là ?

— Non, monsieur.

— Mais la reconnaîtras-tu bien?

— Si je la reconnaîtrai !... Oh ! oui monsieur... ses traits me sont bien présents ! Les personnes qui sont aimables pour nous, nous les regardons avec tant de plaisir !... Et puis elle est bien belle, votre cousine, on n'en voit pas souvent d'aussi jolies... C'est même étonnant, dans tout ce monde qui passe, on verra cent personnes laides avant d'en apercevoir une de bien.

— Mais elle ne vient plus... Ah ! je suis sûr que cette méchante madame Sarget ne veut plus se promener dans ce parc de crainte de m'y rencontrer... Et je n'y reverrai plus Emma !

Félix s'éloigne tout triste, mais ses nombreuses occupations parviennent à le distraire, car il n'y a pas de meilleur spécifique que le travail pour chasser l'ennui ou le chagrin. Un mois s'est écoulé, et jaloux de montrer qu'il est digne de la faveur de son patron, Félix n'a presque pas quitté son bureau ; il n'a pas été une seule fois au parc de Monceaux. Mais un matin, étant moins occupé, il se dit :

Le voilà, maman; il n'est pas mort! (Page 32.)

— Et ma pauvre aveugle et sa fille, elles doivent penser que je les ai tout à fait oubliées... Je ne rencontrerai pas ma cousine dans cette promenade, mais ce n'est pas une raison pour que j'abandonne ma petite protégée.

Félix se fait conduire au parc. En y entrant il se rend bien vite du côté où se tient habituellement la pauvre aveugle et son enfant. A peine a-t-il fait cinquante pas dans l'allée que des cris de joie frappent son oreille. Puis la petite mendiante accourt vers lui en s'écriant :

— Le voilà, maman!... il n'est pas mort... il n'est pas malade... Le voilà, notre bon jeune homme!... Ah! quel bonheur!... c'est lui!...

Et l'enfant faisait des bonds de joie; puis, arrivée contre Félix, elle lui prend la main, la serre dans les siennes, et ses regards s'attachent sur les siens avec une expression de joie si vraie, qu'il en est tout attendri, et murmure :

— Oui, mon enfant, oui, c'est moi... J'ai été longtemps sans venir ici, n'est-ce pas?

— Oh! oui, monsieur, vous qui aviez fini par y venir presque tous les jours... Ma mère me disait souvent : « Caroline, tu n'aperçois donc plus ce monsieur qui a été si bon pour nous!... Tu ne regardes pas bien! » Et moi je répondais : « Ah! maman, s'il était dans le parc, tu sais bien qu'il ne le quitterait pas sans nous parler... »

— Vous aviez raison, chère petite, je ne vous avais pas oubliée cependant... Mais j'ai été très-occupé... Je demeure fort loin d'ici!... Tenez, Caroline, prenez ceci, je suis arriéré avec vous...

— Ah! monsieur... encore tant d'argent... Tenez... cela me fait de la peine...

Et la petite fille pleurait.

— Pourquoi pleurez-vous, petite Caroline?

— C'est que j'ai peur que vous ne croyiez... que je ne suis si contente de vous voir que parce que vous nous donnez de l'argent!... Et ce n'est pas pour cela que je vous aime bien...

— Non, mon enfant, non, il est facile de voir dans vos yeux que votre âme est reconnaissante... Allons, ne pleurons plus, ou je gronde!...

— C'est fini, monsieur, je ne pleure plus...

— Maintenant, dites-moi, vous n'avez sans doute pas revu ma cousine par ici?

— Oh! mais si, monsieur, au contraire! Et j'allais vous le dire, nous l'avons vue deux fois même depuis quelques jours...

— Deux fois! malheureux... et je n'étais pas là... C'était bien elle?

— Oh! oui, monsieur, je l'ai bien reconnue, quoiqu'elle ne soit plus en deuil, ni la vieille dame non plus.

— En effet, depuis plus d'un mois elle a pu quitter le deuil; et vous a-t-elle parlé?

— Oui, monsieur, mais elle paraissait gênée, parce que, outre cette vieille dame, il y avait encore quelqu'un avec elle...

— Quelqu'un... Qui donc?

— Un jeune homme... un beau monsieur, élégant...

— Un jeune homme... Ah! un de ses frères sans doute?

— Je ne sais... Mais je ne crois pas que ce monsieur soit son frère, car la vieille dame a dit une fois à votre cousine :

« — Pourquoi ne prenez-vous pas le bras de M. Saint-Estève, Emma? »

« Et votre cousine a répondu :

« — Parce que j'aime mieux marcher seule. »

Félix pâlit; il se sent touché au cœur; il essaie de se remettre et balbutie :

— Saint-Estève... oh non! ce n'est pas son frère... Et il était avec ces dames la dernière fois que vous les avez vues?

— Et l'autre fois aussi, ce monsieur était encore avec elles?

— Les deux fois... ah!... bien... je comprends...

— Monsieur, ce que je vous dis à l'air de vous faire de la peine... Mon Dieu... que je suis fâchée... si j'avais su... je ne vous l'aurais pas dit!...

— Non, mon enfant, n'en soyez pas fâchée... Il fallait bien que tôt ou tard j'apprisse cela... Et... est-il joli garçon ce M. Saint-Estève?

Comme le gaz éclaire mal ici. (Page 34.)

— Dame, oui, monsieur... il est assez bien, mais il a un air fier... dédaigneux... Quand mademoiselle votre cousine s'est approchée de moi pour me donner, il nous a regardées, ma mère et moi, d'un air si méprisant... Oh ! quelle différence d'avec vous !...

— Adieu, mon enfant...

— Vous partez déjà, monsieur ?

— Oui, je suis pressé... j'ai affaire...

— Serez-vous aussi longtemps sans revenir ?

— Je ne sais... Non... Mais, en tous cas, soyez persuadée que je ne vous abandonnerai pas... Adieu.

Félix présume bien que ce M. Saint-Estève est un soupirant, un aspirant à la main de sa cousine; mais quoique n'ayant jamais eu l'espoir d'obtenir la main d'Emma, il n'en ressent pas moins un violent chagrin en songeant que le moment n'est peut-être pas éloigné où sa cousine passera dans les bras d'un mari. Comme, en toutes choses, Félix trouve avec raison qu'il ne faut jamais rester dans le doute, il se rend à la demeure de sa cousine, en se disant :

— Je ferai parler le concierge... Il y a toujours moyen de se renseigner par ces gens-là... Elles ont été deux fois en peu de jours se promener avec ce monsieur dans le parc de Monceaux !... Oh ! madame Sarget ! je reconnais encore là votre nez ! Elle se sera dit : « Si nous rencontrons Félix, il verra que sa cousine a un cavalier, et il me connaît assez pour savoir que je ne permettrai qu'à un futur époux de nous accompagner si souvent. »

Félix est arrivé près de la maison de sa cousine. Il ne voudrait pas être aperçu par Emma ni madame Sarget; mais justement le concierge est en train de balayer en dehors; il lui fait un signe; cet homme vient à lui avec son balai à la main. Félix l'entraîne un peu loin, puis lui met cinq francs dans la main, en murmurant d'une voix oppressée par l'émotion, le trouble qui l'agitent :

— Il vient un M. Saint-Estève chez ma cousine... car je suis le cousin de mademoiselle Monlaurent ?

— Oh ! je le sais, monsieur me l'a déjà dit une fois qu'il est venu s'informer si ces dames sortaient souvent... il y a près d'un an de ça...

— Eh bien... instruisez-moi... Ce M. Saint-Estève, depuis quand vient-il ?

— Depuis six mois environ, mais pas souvent dans les commencements. C'est seulement depuis que ces dames ont quitté leur deuil que ce jeune homme vient souvent, et d'après ce que mon épouse a entendu dire à la bonne de ces dames, il paraîtrait que c'est un prétendant à la main de mademoiselle Monlaurent... que madame Sarget le protége, que c'est un monsieur très-riche, et que ça fera un très-beau parti pour mademoiselle votre cousine, qui pourtant n'a pas du tout l'air pressée de se marier...

— C'est bien... c'est bien... j'en sais assez... Mais surtout ne dites pas que je suis venu vous faire ces questions !

— Oh ! monsieur peut être tranquille... Je suis aussi discret que mon épouse est bavarde... Si monsieur ne m'avait pas donné cent sous, je ne lui aurais rien dit.

Félix s'éloigne bien triste, bien désolé, en se disant :

— Emma n'est pas pressée de se marier. Mais à force de prières, d'obsessions, on saura l'y faire consentir... D'ailleurs ne faut-il pas toujours que cela arrive... Ce Saint-Estève ou un autre... et si c'est un si beau parti !... Pourtant, si ma cousine avait voulu attendre sa majorité... elle aurait été maîtresse de faire ses volontés... Mais on lui fera épouser ce Saint-Estève... qui, j'en suis sûr, ne l'aime pas autant que moi.

Le jeune homme se promenait au hasard, enfoncé dans ses réflexions; un bras se glisse sous le sien, et une voix amie lui dit :

— Est-ce que nous faisons une tragédie, ou un drame, dont le dénoûment est difficile à arracher ?

— Ah ! c'est vous, cher docteur; non, je ne fais point un drame... Mais j'ai beaucoup de chagrin, allez !...

— Voyons, contez-moi cela... En épanchant ses douleurs on en perd toujours un petit peu.

Félix raconte au docteur Choubert ses rencontres au parc de Monceaux, puis ce qu'il vient d'apprendre dans la journée.

— Eh bien, mon cher ami, je ne vois pas qu'il y ait là de quoi vous désespérer? On fait la cour à votre cousine, c'est tout simple, elle est riche!... Mais ce mariage n'est pas fait... Que vous a dit la petite mendiante? Que votre cousine n'avait pas voulu donner le bras à ce monsieur, en répondant à sa tutrice qu'elle aimait mieux marcher seule. Si Emma avait le moindre penchant pour ce Saint-Estève, est-ce qu'elle aimerait mieux marcher seule que de lui donner le bras? Ceci est sans réplique... Donc votre cousine n'aime pas ce monsieur... Maintenant vous avouez que cette charmante Emma vous a adressé un doux regard, un aimable sourire, après avoir causé avec la petite mendiante : preuve qu'elle était profondément touchée de la bonté de votre cœur, et comme elle a toujours eu de l'amitié pour vous... elle vous en a donné jadis la preuve.. Ce qu'elle a entendu a réveillé ce sentiment qui sommeillait au fond de son âme, vos déclarations d'amour l'auront éclairée sur ce qu'elle éprouve pour vous... et je gagerais... mon premier malade! qu'elle n'épousera pas ce Saint-Estève!...

— Ah! cher docteur, vous me rendez à l'espérance, au bonheur, à la vie...

— Eh bien alors, allons dîner ensemble, je tâcherai de vous rendre aussi l'appétit.

Ces messieurs se rendent au Palais-Royal, où l'on dîne toujours fort bien quand on sait choisir son endroit. Félix a retrouvé sa gaieté, parce que, n'ayant pas le caractère triste, il faut peu de chose pour la lui rendre. Pour achever ensemble la journée, les deux amis vont ensuite au spectacle, qui finit fort tard, ce qui ne les empêche pas de se promener encore très-longtemps sur les boulevards, parce qu'ils avaient du plaisir à être ensemble; Félix avait raconté au docteur sa visite chez Anita et ce qu'il y avait appris sur son cousin.

— J'en étais certain, dit Choubert, cela devait nécessairement arriver!... Les femmes perdront Félicien, parce que celui-ci, pour réparer le temps perdu, s'abandonne à ses passions et se croit capable de renouveler les travaux d'Hercule... il n'ira pas loin ainsi.

L'amoureux parlait ensuite de celle qu'il aimait, et le docteur, tout en l'écoutant, lui faisait souvent remarquer que sa cousine avait constamment montré du penchant pour lui.

— Tout à coup le docteur regarde sa montre et s'écrie :

— Une heure du matin! il faut pourtant que je rentre. J'ai une cliente en mal d'enfant... on sera peut-être venu me chercher...

— Ah! diable!... et si elle était accouchée...

— Sans moi, jamais... non, non, ce ne sera que pour demain... Je vais monter le faubourg Poissonnière, où je trouverai ma rue Montholon.

— Je vais vous reconduire, mon ami, je ne suis pas pressé de me coucher... je suis trop agité pour dormir...

— Soit, reconduisez-moi.

On ne rencontrait plus que fort peu de monde; cependant, à la hauteur du Conservatoire, les deux amis aperçoivent devant eux un monsieur presque collé contre la muraille, et qui semble vouloir absolument lire les affiches de spectacles, bien qu'elles soient en grande partie arrachées et déchirées.

— Si ce monsieur veut aller ce soir au spectacle, il me semble qu'il s'y prend un peu tard, dit Félix.

— Mais il parle tout seul... je crois que c'est un pochard...

— Vous croyez... un homme fort bien mis?...

— Ce n'est pas une raison... écoutons-le un peu, c'est toujours amusant d'écouter les ivrognes... ils disent des choses qu'on n'entend jamais que dans leur bouche, ils disent des vérités bien crues... sortant du puits.

Le particulier arrêté devant eux frotte de nouveau son nez contre la muraille en murmurant :

— Comme le gaz éclaire mal par ici... Je voulais aller voir *les Filles de marbre*... Chose m'a dit qu'on les jouait ce soir... je ne peux pas les trouver... Ah!... je crois que c'est ça... *Le Pied de* ... le reste n'y est pas... j'ai un peu de brouillard dans les yeux...

— C'est singulier... il me semble que je reconnais cette voix, dit Félix.

— Moi aussi... attendez donc... eh! oui... c'est votre cousin Adolphe...

— Il serait possible!... et dans cet état... car le malheureux ne peut pas se tenir, il va tomber si nous ne lui prêtons pas notre appui...

— Qu'est-ce qui est là? demande le jeune homme ivre en se redressant et essayant de faire quelques pas pendant lesquels il trébuche et manque plusieurs fois de tomber.

— On a dit mon nom... j'ai entendu appeler Adolphe... Adolphe Monlaurent... c'est moi... si ce sont des amis, qu'ils le disent...

— Eh! oui, ce sont des amis, s'écrie Félix en allant soutenir son cousin par un bras. C'est moi, Félix Albrun... ton cousin, et le docteur Choubert, qui a été médecin de ton père...

— Pas longtemps, dit le docteur, mais assez pour vous verser du vin pur quand j'ai dîné chez lui... j'avais deviné que vous ne le détestiez pas...

— Le docteur Choubert... Félix... tiens, tiens... comme on se rencontre... ça me fait plaisir de vous retrouver... vous allez venir avec moi voir *les Filles de marbre*...

— Mais, cousin, il est trop tard... les spectacles sont finis depuis longtemps... chacun rentre se coucher... il faut en faire autant...

— Vraiment... c'est déjà joué...

— Voyons, mon cher monsieur Monlaurent, avouez que vous venez de dîner en ville et que vous vous êtes donné une petite pointe... une grande pointe même!

— Diable de docteur... il voit tout de suite... les choses que... Ah! qu'il fait glissant par ici!...

— Appuyez-vous sur moi, cousin.

— Et sur moi, dit le docteur, en prenant l'autre bras d'Adolphe, et comme ça nous marcherons solidement... où logez-vous?

— Toujours au même endroit...

— Fort bien, mais où est-il ce même endroit?

— Puisque je n'ai pas changé... c'est dans la même maison.

— J'entends bien, mais cette maison, où est-elle?

— C'est toujours dans la même rue... je n'aime pas à déménager...

— Sapristi! il faudrait pourtant en sortir... Félix, habitez-vous encore la rue Mazagran?

— Non, je demeure à présent rue du Sentier, et vous, docteur?

— Moi, rue Montholon, et vous, monsieur Adolphe?

— Moi... toujours au même endroit...

— Ah! ça devient trop fort! murmure le docteur en se penchant vers Félix; qu'est-ce que nous allons faire de cet homme-là?

— Attendez, une autre idée... Mon cousin, vous allez nous conduire chez vous, n'est-ce pas? et vous nous ferez goûter de votre eau-de-vie, vous devez en avoir d'excellente...

— Ah! bravo!... bien parlé... si j'ai de l'eau-de-vie... du nanan, mes enfants... fine champagne... retour de l'Inde!...

— Bon! il mêle l'eau-de-vie avec le madère.

— Eh bien! conduisez-nous, cousin; par où faut-il prendre pour arriver chez vous?

— Par où... par où... c'est à deux pas d'ici... puisque j'ai dîné chez Robinard... rue de l'Échiquier, 7; Flanquette était du dîner, il me disait toujours : « Ne t'en va pas, tu es tout près de chez toi, je te reconduirai... » Mais, moi, je voulais voir *les Filles de marbre*... et puis ils se sont mis à jouer au lansquenet... et je n'aime pas le jeu...

— Alors nous sommes tout près de chez vous... bon... de quel côté tournons-nous?

— Ah! ne tournons pas... ça fait mal au cœur... je suis déjà un peu étourdi... Flanquette a des vins qui ne valent pas les miens... il faut vous dire que j'ai une cave... oh! mais une cave... premier choix...

— Quand nous aurons déjeuné ou dîné chez vous, nous pourrons en juger...

— Demain... pas plus tard que demain, je vous attends... ça y est-il?...

— Soit, je suis des vôtres... demain, nous déjeunerons chez vous; n'est-ce pas, Félix?

— Je le veux bien, mais en attendant je voudrais bien ne pas coucher ici... Voyons... est-ce à droite ou à gauche?

— Farceur de docteur... qui ne sait plus trouver la rue de Paradis...

— Rue de Paradis... Ah! victoire... en avant... il faut espérer qu'il reconnaîtra sa maison!...

On se met en marche en soutenant ce monsieur, qui s'arrête à chaque instant en balbutiant :

— J'aurais pourtant bien voulu voir *les Filles de marbre*...

— Vous les verrez demain, après-demain... il n'y a rien de plus facile à voir, on en rencontre partout! mais votre ami Robinard vous fait boire des vins trop capiteux, il a tort!

— C'est vrai, vous avez raison, docteur, ses vins portent à la tête... j'ai très-mal à la tête...

— Parbleu! je le crois bien... Il faut que votre domestique vous fasse du thé dès que vous serez rentré...

— Du thé... il en a de fait tous les soirs...

— Cela prouve qu'il sait que vous en avez souvent besoin, c'est un domestique prévoyant...

— Oui... il est très-prévoyant; c'est dommage qu'il me vole.

— Qu'est-ce qui vous fait croire qu'il vous vole?

— C'est Flanquette qui me l'a dit, en me conseillant de le mettre à la porte...

— Et qu'est-ce que c'est que ce M. Flanquette... que fait-il?

— Des affaires... il est courtier... en tout ce qu'on veut... Vous déjeunerez avec lui demain...

— Ah! il déjeune chez vous demain?

— Presque tous les jours... il vient sans façon et sans que je l'invite...

— Je serai curieux de connaître ce monsieur-là... mais nous voici rue de Paradis... Bon! il incline à gauche...

Heureusement M. Adolphe demeurait tout à l'entrée de la rue, il s'arrête devant sa maison. Les deux amis frappent. Le domestique attendait son maître chez le concierge; il s'empresse de venir soutenir notre ivrogne, qui s'écrie :

— Ah! voilà Jean... il m'attend toujours en bas... et je suis sûr qu'il a du thé de fait là-haut...

— Votre maître est dans un bel état, murmure Félix au valet, qui répond :

— Oh! monsieur, j'y suis habitué, il rentre comme cela presque tous les soirs...

— Il serait possible! quel malheur!...

— Vous ne montez pas boire la petite goutte? balbutie Adolphe en se tenant après son valet.

— Non, il ne faut plus boire que du thé ce soir...

— Alors... demain... vous savez... nous déjeunerons...

— A quelle heure?...

— Jean, à quelle heure me fais-tu déjeuner?

— Comme à l'ordinaire, monsieur, à midi.

— En ce cas, à demain midi!

Les deux amis se sauvent. Félix n'est point encore revenu de ce qu'il vient de voir, et le docteur lui dit :

— C'est pour cela qu'il faut aller demain déjeuner chez lui... nous saurons comment il en est arrivé là.

XVI

LE VIN

Le lendemain, sur les onze heures et demie, Félix et le docteur arrivent chez celui qu'ils ont presque rapporté la veille. L'heure du déjeuner n'était pas encore arrivée, mais ces messieurs n'étaient pas de ceux qui, invités quelque part, croient ne devoir s'y rendre qu'au moment de s'asseoir à table, ce qui a l'air de dire au maître de la maison : « Nous venons chez vous pour manger, et pas pour autre chose. » Si c'est bon genre, ce n'est pas flatteur. « Le domestique était en train de frotter le salon, son maître s'était levé fort tard.

Adolphe arrive en robe de chambre; il était dégrisé, et Félix peut l'examiner à son aise; le cousin est extrêmement engraissé, sa figure est presque bouffie et son nez a pris une teinte violâtre qui ne sied à personne, mais qui est surtout laide chez un jeune homme; au total, les changements qui se sont opérés chez son cousin ne sont pas à son avantage, si ce n'est un air content, heureux, qui anime constamment sa physionomie.

Il reçoit ses invités en riant et leur dit :

— Eh bien! messieurs, me voilà un peu plus solide sur mes jambes qu'hier au soir, n'est-ce pas?... eh? eh!... j'avais bien dîné hier; ma foi, je ne vous cacherai pas que la table... c'est mon élément... j'aime à bien dîner...

— Vous aviez surtout bien bu!... J'aime aussi le bon vin, mais il ne faut pas en prendre jusqu'à perdre l'équilibre!...

— Ah! ah! ce cher docteur... Je vous ferai boire tout à l'heure ce qu'il y a de mieux en vin blanc... du montrachet... connaissez-vous le montrachet?...

— Oui, c'est en effet un des meilleurs vins blancs, mais il est très-capiteux!

— Qu'importe! Et le vosne... connaissez-vous le vosne, docteur?

— Ma foi, non; je connais le beaune, qui est un fort bon vin...

— Le vosne est supérieur... haute bourgogne... Et le romanée?...

— Oh! je connais celui-là...

— Vous en boirez... Et le léoville? celui-ci est dans les bordeaux.

— Je le connais aussi, je l'aime beaucoup!

— Et le...

Félix interrompt cette nomenclature.

— Ah çà! cousin, est-ce que tu ne vas nous parler que de vin?

— Trouve donc un meilleur sujet de conversation, toi?

— Mais assurément! tu me ferais croire que tu es devenu ivrogne!... j'espère que cela n'est pas!

— Tiens, quand cela serait?... du vivant de mon père, il ne fallait boire que de l'abondance... aujourd'hui je m'en dédommage; est-ce que je n'ai pas raison? est-ce que je n'ai pas une autre mine qu'autrefois?... j'engraisse à vue d'œil... Toi, Félix, tu es toujours de même... pas plus gras!

— J'en suis très-content, je ne tiens pas du tout à engraisser, moi! Voyons, Adolphe, que fais-tu depuis que mon oncle est mort? es-tu toujours dans ta maison de commerce?

— Par exemple! pour qui me prends-tu... Avec un quart de million rester employé... commis... pas si bête... Il est vrai qu'il est déjà pas mal ébréché mon quart de million... mais nous sommes encore riches... et Flanquette, avec qui j'ai commencé une affaire importante... sur les eaux-de-vie, m'a dit que cela nous rapporterait beaucoup...

— C'est le monsieur qui va déjeuner avec nous ce matin? demande le docteur.

— Oui... Oh! il viendra... je ne le lui ai pas dit... mais il viendra!...

— Pardi!... il vient tous les jours, murmure Jean, qui frotte le salon et ajoute à l'oreille de Félix : C'est un vrai piqueassiette que son M. Flanquette!

— Enfin, cousin, comment emploies-tu ta journée?

— La journée... oh! elle passe vite... D'abord je me lève tard... vu que je me couche souvent fort tard aussi; je déjeune... j'ai toujours quelques amis pour déjeuner avec moi... ce n'est pas amusant de manger seul, on ne peut pas trinquer... le déjeuner me mène bien jusqu'à trois heures...

— Depuis midi!... quel déjeuner!

— Il faut bien causer. Ensuite on sort, on va se promener, puis faire quelques parties de billard; c'est le seul jeu que je joue, parce qu'il donne de l'appétit en nous faisant faire de l'exercice; après cela, on dîne vers six heures et demie ou sept heures; ça mène jusqu'à dix; on va au café prendre du punch ou du bischoff. Vous voyez que le temps passe vite!... Et voilà comme on la mène douce!...

— Mais, reprend Félix en souriant, dans tout cela, mon cher Adolphe, je ne vois pas un petit quart d'heure donné aux amours... il n'est pas possible qu'à ton âge tu n'aies pas un tendre sentiment au fond de ton cœur?

— Un sentiment? ma foi non! Oh! voyez-vous, les femmes, ce n'est pas ma passion... Je ne dis pas que de temps en temps ce n'est pas agréable... comme un sorbet au dessert, mais, franchement, je donnerais les plus jolies femmes pour une dinde truffée ou une terrine de Nérac.

— Vous ne ressemblez pas à votre frère Félicien alors?

— Félicien... Ah! en voilà un qui file un mauvais coton... le pauvre garçon!... mais il a une figure de papier mâché maintenant... pâle, défait... quelle différence d'avec moi...

— Il est certain que c'est un autre genre...

— Il m'a fait peur la dernière fois qu'il est venu m'emprunter quinze mille francs...

— Comment! ton frère Félicien a eu besoin de t'emprunter de l'argent?...

— Oui... je ne sais plus pourquoi il m'a dit qu'il n'en avait pas... Ah! si, il m'a dit qu'il ne voulait pas vendre de ses chemins de fer, parce qu'ils étaient en baisse... il devait me rendre mon argent au bout de huit jours... voilà trois semaines de cela, et je ne l'ai pas revu! mais je ne suis pas inquiet... ce n'est pas comme avec Victorin... il est vrai qu'avec Victorin, c'est une somme!...

— Quoi! Victorin t'a aussi emprunté de l'argent?

— Quarante mille francs, rien que cela!...

— Quarante mille francs!... Mais il est aussi riche que toi... Qu'est-ce qu'il fait donc de son argent?

— Des affaires à la Bourse, de grandes spéculations qui doivent le rendre millionnaire... Mais en attendant il devait aussi me rendre mes quarante mille francs dans la quinzaine; au lieu de cela, quand il est revenu, c'était pour m'emprunter encore quarante mille francs! Ma foi, je les ai refusés... Flanquette me l'a conseillé. Il m'a dit : « On vous prend pour une vache à lait, ce qu'on prête à ses parents ne rentre jamais! Ne prêtez plus. »

— Je n'en reviens pas! dit Félix en s'adressant au docteur.

— Pourquoi donc... C'est tout naturel, au contraire, mon cher Félix, que chacun de vos cousins ait sa passion... Cela couvait sous la cendre du temps de leur père; aujourd'hui qu'il est mort, le feu éclate!

— Et ta sœur, Adolphe, tu vas la voir quelquefois, je pense?

— Ma foi non; j'y suis allé une seule fois... Je m'y suis ennuyé à périr! Madame Sarget m'a offert un verre d'eau sucrée... Merci! Je me suis dit : « Tu ne m'y reprendras pas, toi! »

— Mais tu dois savoir qu'on veut marier ta sœur à un M. Saint-Estève?

— Ça m'est bien égal! Qu'on la marie à qui l'on voudra; je suis sûr qu'on ne fera pas de noces... Ces gens-là ne savent pas vivre.

L'arrivée de deux messieurs met fin à cette conversation. L'un est le convive habituel, l'ami Flanquette, un homme de quarante ans qui porte toute sa barbe, qui est rousse. Figure longue et maigre fortement grêlée, teint bistre, pommettes et menton faisant saillie, le regard du renard et du chat, voix flûtée, cherchant toujours ce qu'il veut dire; ayant souvent lui-même l'air étonné de ce qu'il a dit, et vous fixant alors pour chercher à deviner si vous le croyez.

Le monsieur qui l'accompagne est un peu plus âgé que lui; il est encore plus laid : il a le nez comme un marron sur lequel on aurait donné un coup de poing; la bouche dégarnie et qui, malgré cela, affecte constamment de sourire; des cheveux comme de la laine, et tellement en profusion, que sa tête est plus large que ses épaules; accent allemand, bien couvert, mais les mains sales et les pieds crottés.

— Midi n'a point encore sonné? s'écrie M. Flanquette en entrant dans le salon et saluant tout le monde. Si jamais je suis en retard d'une minute pour un déjeuner ou un dîner, je consens à être à l'amende de mille écus... Messieurs, je suis bien le vôtre... Mon cher Monlaurent, vous permettez que je vous présente M. Goudmann, un de mes bons amis... négociant en lorgnettes. Il était venu chez moi pour déjeuner. Je lui ai dit : « Accompagnez-moi chez un ami chez lequel je déjeune, et de cette façon vous déjeunerez toujours avec moi. » Me pardonnez-vous cette petite liberté grande?

— Vous avez très-bien fait, cher ami, et si monsieur est amateur de bons vins...

— Oh ya!... ch'aime beaucoup le pon vin!... Che zuis amateur!

— Goudmann est amateur et connaisseur!

Choubert dit tout bas à Félix :

— Je soupçonne ce négociant en lorgnettes d'être tout bonnement un créancier de ce M. Flanquette, qui lui aura dit : « Je ne peux pas vous donner d'argent, mais je vais vous mener déjeuner en ville... »

— Il est certain que le courtier en eaux-de-vie m'a tout l'air d'un blagueur... Je crains que mon cousin ne se laisse duper par ces amis-là!

— C'est probable, mais qu'y faire? Votre cousin écoutera bien plus volontiers les conseils de ces messieurs-là que les nôtres?

La cuisinière appelle Jean, et Jean revient bientôt annoncer que le déjeuner est servi.

— Ah! bravo! bonne nouvelle! dit Adolphe, allons nous mettre à table... Messieurs, permettez-vous que je déjeune en robe de chambre?

— Oh! parfaitement.

— On mange bien mieux en robe de chambre! dit M. Flanquette, on est à l'aise... rien ne vous serre... On ne devrait jamais prendre ses repas autrement... Mon cher Adolphe, j'ai un vieux *mac-ferlane* que je me permettrai d'apporter, et de laisser ici pour mettre au déjeuner...

— Ce n'est pas la peine, Flanquette, j'ai par là quelques pardessus que je ne mets plus... parce qu'ils deviennent trop étroits pour moi... Je vous en donnerai un...

— Eh bien! j'aime mieux cela...

— Incessamment il demandera un lit pour faire la sieste après le déjeuner! murmure le docteur à Félix.

On se met à table. M. Goudmann ne parle plus, il ne songe qu'à boire et à manger. M. Flanquette, tout en fonctionnant très-bien, soutient toujours la conversation.

— Excellent madère, n'est-ce pas, messieurs?

— Oui, il est parfait!

— Ça vient des Indes, dit Adolphe tout en savourant son vin par petites gorgées. Hein, monsieur Goudmann, vous qui êtes connaisseur, que dites-vous de cela?

Le marchand de lorgnettes a la bouche tellement pleine, qu'il ne peut pas répondre, il se contente de présenter son verre, qu'il a vidé.

— Il vous en redemande; c'est le plus bel éloge qu'il en puisse faire.

— Messieurs, avec les rognons sautés, il faut passer au montrachet!

— Voyons donc ce montrachet! dit le docteur, puisqu'il est, dit-on, si bon. Je ne serai pas fâché de faire sa connaissance.

On fait plusieurs tournées de vin blanc. Mais Félix ne vide jamais son verre, parce qu'il se tient sur ses gardes. Le docteur convient que le montrachet est un vin supérieur. Adolphe, heureux de l'éloge que l'on en fait, dit à M. Goudmann :

— Eh bien! qu'en dites-vous... monsieur, qui vous y connaissez?

Alors le négociant en lorgnettes, qui a constamment la bouche pleine, renouvelle sa pantomime en présentant son verre, et l'ami de Flanquette renouvelle sa phrase sur le même motif.

Félix saisit un moment où tous ces messieurs boivent pour s'écrier :

— Parbleu! mon cher cousin, puisque vous traitez si bien chez vous, pourquoi donc ne vous mariez-vous pas? Une femme vous aiderait à bien recevoir vos convives, et il y a mille détails de maison dont vous n'auriez plus à vous occuper!

M. Flanquette fait la grimace, M. Goudmann met sa fourchette dans son nez, le docteur se met à rire, et Adolphe s'écrie :

— Me marier!... moi, me marier!... Ah! par exemple, perdre ma liberté... pas si bête!

— Et puis, dit M. Flanquette, les goûts ne sont pas les mêmes... il y a des dames qui trouvent mauvais que l'on tienne table longtemps...

— Et moi, j'y passerais ma vie... D'ailleurs les femmes ne sont pas toujours aimables!...

— Elles sont en général ce qu'on les fait, dit le docteur; moi, je suis pour le mariage... C'est une société, c'est une amie solide... c'est un second soi-même...

— Oui, dit M. Flanquette, quelquefois il y a même un troisième soi-même, n'est-ce pas Goudmann ?

M. Goudmann, qui, par extraordinaire en ce moment, se trouve ne pas avoir la bouche pleine, répond :

— Moi, j'ai un femme abathique !

— Monsieur, dit le docteur, certain écrivain anglais a dit : « Être marié à une femme apathique, c'est jouer aux cartes sans intéresser le jeu ; on n'a pas grand plaisir, mais on tue le temps. »

— Assez parlé de mariage, messieurs, dit Adolphe, goûtez-moi ce vosne... Monsieur Goudmann, vous m'en direz des nouvelles !

Mais le marchand de lorgnettes s'est remis dans l'impossibilité de parler, et Flanquette répond pour lui.

Le vosne est trouvé délicieux ; on passe ensuite au léoville, puis au lafitte, puis au champagne. Félix s'est constamment tenu sur la réserve ; mais le docteur n'en a pas fait autant, et il a bientôt sa pointe comme les autres convives.

— C'est comme cela que vous êtes raisonnable... dit Félix à son ami.

— Ma foi, mon cher, tous ces vins sont excellents, il faut en convenir... Et puis, une fois n'est pas coutume, Hippocrate le permet !...

— Et votre dame sur le point d'accoucher, si elle a besoin de vous...

— Oh ! que non... j'ai le temps... ce ne sera que pour ce soir !...

Lorsque Félix voit que son cousin est gris, que le docteur ne peut plus dire un mot sans rire aux éclats, que M. Flanquette patauge et ne peut plus finir ses phrases, enfin que le négociant en lorgnettes a les yeux hors de la tête, il quitte doucement la table, prend son chapeau, et disparaît.

XVII

UN AMOUREUX DÉSINTÉRESSÉ

Pénétrons maintenant dans la jolie maison, élégante et confortable du boulevard Malesherbes, habitée par la charmante Emma et cette dame au long nez, qu'on lui a donnée pour tutrice.

Depuis que la jeune fille a rencontré son cousin dans le parc de Monceaux, où il lui a avoué si franchement qu'il l'aimait, où il lui a dit que jamais il n'aimerait une autre femme, Emma n'est plus la même, elle est devenue pensive, rêveuse, elle se plaît dans la solitude pour y interroger son cœur ; elle avait toujours éprouvé un secret penchant pour son cousin ; mais on lui en disait tant de mal, on le lui peignait comme un si mauvais sujet, qu'elle cherchait à le bannir de sa pensée lorsqu'il s'obstinait à y revenir.

Et puis, Félix ne lui avait pas encore dit qu'il l'aimait ; elle le croyait au contraire sans cesse occupé de danseuses ou de femmes de théâtre ; elle n'avait donc alors aucune raison pour nourrir au fond de son âme ce doux sentiment qui lui parlait en faveur de son cousin. Depuis qu'elle a rencontré Félix dans le parc Monceaux, c'est bien différent ! Tout est changé pour elle : elle sait qu'elle est aimée, adorée de celui auquel elle pensait ; et ce que lui a dit la petite mendiante a vivement augmenté ce penchant qu'elle éprouve pour son cousin. Elle ne peut plus croire tant de défauts à quelqu'un qui se montre si bon pour les malheureux. D'ailleurs, si Félix a été étourdi, mauvais sujet même, n'a-t-il pas dit qu'il était corrigé, et que maintenant il ne songeait plus qu'à travailler !

Voilà ce que dit souvent la jeune Emma à madame Sarget lorsque celle-ci refuse de retourner se promener dans le parc de Monceaux, en s'écriant :

— Nous pourrions y rencontrer encore votre cousin Félix ; il ne manquerait pas de venir vous parler, et je ne veux pas que vous entendiez les sottises, les extravagances que vous débite ce monsieur.

— Mais madame, mon cousin ne dit pas de sottises... Trouvez-vous donc que ce soit une extravagance de m'aimer ? car voilà ce qu'il me dit.

— Vous aimer ! Vous croyez cela, ma chère enfant, vous vous laissez prendre aux grandes phrases de ce libertin ! Mais ce n'est pas vous qu'il aime, c'est votre fortune, et pas autre chose !...

— Et pourquoi donc ne voulez-vous pas qu'il m'aime réellement, moi ?

— Parce que les hommes qui courent après toutes les femmes ne sont pas capables d'en aimer une véritablement.

— Mais puisque mon cousin est corrigé, puisqu'il ne songe plus qu'à travailler... que ses chefs sont contents de lui maintenant...

— Vous croyez cela !... parce qu'il nous l'a dit... bon répondant... Qui a bu boira !... Chassez le naturel il revient au galop !... Vous savez que les proverbes sont la sagesse des nations !

— Non, madame, je ne le savais pas.

— Tenez, Emma, un jeune homme qui est digne de fixer vos regards, c'est M. Saint-Estève. Ah ! voilà quelqu'un qui a de bonnes façons, qui est aimable... qui ne va que dans le beau monde... Il ne se roule pas dans les coulisses avec des figurantes. Il est riche, il est très-joli garçon... Voilà un parti digne de vous, et il vous aime véritablement, ce jeune homme-là. Ce n'est pas pour votre fortune qu'il vous fait la cour.

— Qui est-ce qui vous prouve cela, madame ?

— Parce que ce monsieur, possédant quinze mille francs de rente, est déjà riche, et ne tient pas à trouver de la fortune chez la personne qu'il épousera. Il me l'a dit lui-même plusieurs fois.

— Mais je ne l'aime pas, moi, ce M. Saint-Estève, il a l'air fat !...

— Il a l'air comme il faut, mademoiselle ; il n'a pas, il est vrai, le débraillé de ces coureurs d'estaminet !... Mais il ne sent pas le tabac, et cela fait son éloge.

L'année du deuil étant expirée, madame Sarget engagea M. Saint-Estève à venir les voir plus souvent ; puis, changeant de batteries, elle se dit : « Il faut aller nous promener au parc de Monceaux, mais nous emmènerons M. Saint-Estève avec nous, de cette façon Félix verra qu'il y a un cavalier, un soupirant près d'Emma, et cela lui ôtera toute espérance de se faire aimer de sa cousine.

Nous savons que ce plan avait parfaitement réussi. Emma avait été très-contrariée de voir M. de Saint-Estève venir se promener avec elles, mais elle n'avait pas pu s'y opposer ; seulement elle avait refusé d'accepter son bras ; et ce n'était pas sans dessein que, devant la petite mendiante, elle avait dit qu'elle préférait aller toute seule... Quelque chose lui faisait deviner que la petite fille rapporterait ses paroles à son cousin. Les femmes ont la prescience pour ce qui concerne le cœur ; nous autres hommes nous n'avons que la science, et encore !...

Cependant M. Saint-Estève, dont on ne veut pas prendre le bras, ne se rebute pas pour cela ; il devient très-assidu chez madame Sarget, il ne se passe presque point de jour sans que ces dames reçoivent sa visite. La tutrice d'Emma accueille fort bien ce jeune homme ; elle le traite déjà comme le futur époux de sa pupille, bien que celui-ci n'ait encore obtenu aucune réponse satisfaisante de celle à qui il fait la cour.

Les occasions de déclarer sa flamme ne manquent point au beau Saint-Estève, qui trouve souvent Emma dans son jardin, tandis que la dame au long nez reste dans le salon.

Ce monsieur vient encore, avec la permission de madame Sarget, d'aller rejoindre la jeune fille, qui est en train de soigner ses fleurs et fait une petite moue très-prononcée en voyant le jeune homme qui vient la troubler dans cette douce occupation.

M. Saint-Estève, qui voit Emma se faire un bouquet, ne manque pas de s'écrier dès qu'il peut en être entendu :

Où peut-on être mieux qu'au sein de sa famille !...

La jeune fille relève la tête, regarde ce monsieur d'une façon presque impertinente, et répond :

— Qu'est-ce que cela veut dire, monsieur ?

— Comment, mademoiselle, vous me demandez ce que cela veut dire ?... Mais il me semble que cela va tout seul !...

— Qu'est-ce qui va tout seul ?

— Cette citation... que je crois avoir faite assez à propos d'un morceau de musique bien connu...

Et M. Saint-Estève se met à chanter :

Où peut-on être mieux? Où peut-on être mieux qu'au sein de sa famille?...

— Oh! merci, monsieur, mais ce n'était pas la peine de chanter...

— Or, mademoiselle, je vous trouve parmi les fleurs... vous en êtes une autre, par conséquent vous êtes au sein de votre famille... c'est bien clair...

— Ah! oui, avec l'explication on finit par comprendre...

— Parce que votre modestie vous empêchait de vous classer parmi les fleurs... et pourtant vous êtes la plus belle de toutes...

— Oh! monsieur, si vous saviez combien les compliments m'ennuient, vous vous dispenseriez de m'en faire.

— Mais je ne vous fais pas de compliments... je vous dis une vérité.

— Mon cousin Félix ne me fait pas de compliments, lui... aussi j'aime beaucoup sa conversation.

M. Saint-Estève se mordait toujours les lèvres avec dépit quand Emma lui parlait de son cousin Félix. Il s'écrie :

— Mademoiselle, je ne me compare à ce monsieur en aucune façon!... Il a sans doute beaucoup plus d'esprit que moi...

— Oh! mon cousin ne vise pas à faire de l'esprit, monsieur!...

— Mais ce dont je suis certain, c'est qu'il ne vous aime pas avec cette sincérité... ce désintéressement qui me ferait vous préférer à toutes les femmes, lors même que vous seriez pauvre... que vous ne seriez qu'une modeste ouvrière, obligée de vivre de son travail!...

— Vous m'épouseriez si je n'étais qu'une pauvre ouvrière?... Oh! par exemple, je ne crois pas cela, monsieur!

— Ah! charmante Emma, je serais bien plus heureux au contraire, car vous verriez que c'est vous seule que j'aime... et puis, possédant, moi, quelque fortune, je pourrais vous enrichir, vous la faire partager... Ah! je vous le répète, si vous ne possédiez rien, tous mes vœux seraient comblés!...

— Vous ne tenez donc pas à l'argent?

— Fi donc!... Qu'est-ce que l'argent auprès de l'amour!... Un vil métal qui sert trop souvent à satisfaire les vices, les passions mauvaises... Un doux regard de celle que l'on aime, voilà le premier des trésors!...

Madame Sarget, qui venait de quitter le salon pour aller rejoindre les jeunes gens et qui a entendu les dernières paroles prononcées par Saint-Estève, s'écrie :

— Oh! comme voilà bien des sentiments d'amoureux... mépriser la fortune!... Certainement je ne dis pas qu'il faille l'idolâtrer, mais enfin elle ne nuit pas au bonheur, bien au contraire elle y contribue... L'amour, c'est fort bien... mais cela ne suffit pas... Ce n'est pas avec de l'amour que l'on achète des cachemires et des dentelles à sa femme...

— Grâce au ciel, madame, je suis assez riche pour satisfaire aux goûts d'une personne aussi bien élevée que mademoiselle... Et si elle était pauvre, je serais bien plus heureux, car elle me devrait tout!...

— Tout cela prouve votre désintéressement, jeune homme, et je n'en ai jamais douté, moi. Vous aimez Emma pour elle... c'est bien, cela... mais j'en suis bien fâchée, il faudra se résoudre à la trouver riche... très-riche même... bien plus que vous ne pensez...

— Quoi! madame?...

— Oui, oui, c'est une surprise que nous réservons à son futur époux... Faites en sorte que mademoiselle se décide à accepter votre main, et vous verrez!...

— Vous entendez, mademoiselle... serez-vous toujours si cruelle?

— Monsieur, je vous ai déjà dit que j'étais trop jeune, et que je ne voulais pas encore me marier.

Saint-Estève s'incline et s'éloigne en faisant un superbe geste dramatique... Madame Sarget le reconduit en lui disant :

— Patience! patience... les jeunes filles refusent un jour, puis veulent bien le lendemain!

XVIII

LE JEU

Le lendemain de cette conversation avec M. Saint-Estève, Emma, tout en déjeunant avec madame Sarget, lui dit :

— Madame, pourquoi donc avez-vous annoncé hier à ce M. Saint-Estève que je serai beaucoup plus riche qu'on ne le pense?

— Mais, ma chère amie, parce que cela ne peut pas manquer. Avez-vous donc oublié ce que votre frère Victorin est venu faire ici il y a trois mois?

— Il est venu me prier de lui prêter cent trente mille francs pour une opération de commerce qui devait être très-fructueuse... Vous m'avez dit que je devais avoir confiance dans mon frère... Je lui ai donné un bon pour le notaire, qui a dû lui remettre cette somme...

— Et vous avez très-bien fait... Victorin est un garçon rempli d'intelligence! qui n'a jamais eu qu'une pensée, celle de faire une grande fortune... et il la fera... Vous pensez bien qu'en travaillant pour lui il travaille aussi pour vous... Il m'a dit : « Je veux doubler les capitaux de ma sœur!... » C'est joli, cela!...

— Mais qu'est-ce qu'il a donc fait des siens?

— Ils sont placés dans une affaire; il ne pouvait pas alors les déplacer... comprenez-vous?

— Pas beaucoup... Je m'entends si peu aux affaires; du reste, j'ai une entière confiance dans mon frère.. Seulement, je ne tenais pas à devenir plus riche...

— Vous avez tort! moi, je ne serais pas fâchée de doubler aussi ma fortune dans des spéculations sûres... et Victorin m'a bien assuré qu'il n'en faisait pas d'autres; je lui ai, de mon côté, remis tout ce que je possédais... mes rentes pour les vendre et la somme que M. votre père m'avait laissée.

— Quoi! madame, vous avez donné à mon frère tout ce que vous aviez?

— Oui, mon enfant! Ecoutez donc, à mon âge on ne méprise pas l'argent, on est bien aise de pouvoir se donner mille petites douceurs, on aime à se dorloter... on devient paresseux... indolent, ou plutôt on n'a plus cette force, cette agilité qui permet de se servir soi-même et de n'avoir pas à chaque instant besoin d'être servi.

L'arrivée de Victorin interrompt cette conversation. Ce jeune homme a fait comme ses frères, il a beaucoup vieilli depuis dix-huit mois environ que son père est mort. Mais chez lui, le changement survenu dans ses traits n'annonce point l'abus des plaisirs; c'est une expression fiévreuse, c'est la tension d'un esprit sans cesse préoccupé qui se lit sur son visage, dans ses yeux, qui se fait voir dans toutes ses manières, qui sont celles d'un homme distrait, d'un homme qui vous écoute à peine quand vous lui parlez, parce qu'il a toujours les nerfs agacés, irrités par des revers qu'il est obligé de cacher.

La vieille dame et la jeune fille ont poussé un cri de joie en voyant entrer Victorin.

— Ah! voilà mon frère!...

— Voilà ce cher Victorin... Nous parlions de vous à l'instant, mon ami...

— Bonjour, madame Sarget... bonjour, Emma...

— Embrasse-moi donc, mon frère... Voyez! il n'y pensait seulement pas...

— Vous venez déjeuner avec nous, Victorin, c'est gentil cela...

— Non, non, madame. J'ai déjà déjeuné, moi. Oh! je ne fais point ce repas aussi tard que vous...

— Nous, mon frère, nous sommes un peu paresseuses... Ecoute donc... rien ne nous presse...

— C'est juste, tandis que moi... j'ai tant d'affaires en train... de lettres à écrire... Je suis fort matinal...

— Mon cher Victorin, c'est très-bien d'aimer le travail... mais il ne faut pas trop se fatiguer non plus... Je vous trouve pâle... les traits altérés.

— Et les yeux cernés... Pourquoi as-tu les yeux cernés, mon frère?

— Pourquoi? elle est étonnante, cette Emma! Parce que j'ai passé plusieurs nuits... à écrire...

— Vous voyez, mon ami, que j'avais raison de dire que vous travaillez trop... votre santé en souffrira...

Victorin se promène avec agitation dans la chambre, en murmurant :

— Ma santé... ma santé est fort bonne... et ce n'est pas là ce qui m'inquiète!...

— Est-ce que quelque chose t'inquiète, mon frère?

— Moi... rien du tout, au contraire...

— As-tu vu mes frères depuis peu?

— Ma foi non... Je n'ai pas eu le temps!...

— Et vous venez nous apporter de l'argent, Victorin, beaucoup d'argent, n'est-ce pas?

Le jeune homme se mord les lèvres pour dissimuler une grimace, et répond :

— Non, madame Sarget, non, je ne vous apporte pas d'argent... Oh! les affaires ne se terminent pas aussi vite que cela... Mais soyez tranquille, cela ne peut pas vous manquer...

— Oh! je suis bien tranquille, mon ami... Je sais que vous êtes un garçon sage, prudent... Vous n'aventurez pas vos fonds à la Bourse, vous?

— Je m'en garderais bien... Je guette les bonnes opérations, je les attends, et quand elles se présentent, je les saisis... Comme en ce moment, par exemple, une affaire m'arrive, où il y aura au moins trente mille francs à gagner... deux fois plus peut-être!... Mais pour l'entreprendre, il me faut cent mille francs tout de suite, et je viens les demander à ma sœur.

Emma ouvre de grands yeux, en s'écriant :

— Cent mille francs!... et je t'en ai déjà prêté cent trente mille... Qu'en as-tu donc fait?

— Ce que j'en ai fait? Parbleu! je les ai placés dans une autre affaire excellente... qui te rapportera beaucoup! Mais je ne peux pas les reprendre, les déplacer maintenant... voilà pourquoi je t'en demande d'autres aujourd'hui, pour une autre opération infaillible, qu'il serait très-fâcheux de laisser échapper... C'est clair, ce me semble, n'est-ce pas, madame Sarget?

— Certainement, mon ami, certainement! Oh! je comprends la marche des affaires beaucoup mieux qu'Emma, moi!

— Alors, madame, vous pensez donc que je ferai bien de prêter encore ces cent mille francs à mon frère?

— Assurément, ma bonne amie, puisque c'est pour une opération qu'il ne veut point laisser échapper!...

— C'est que... il ne me restera plus rien alors... on m'a déjà fait payer tous les frais de la succession... mes frères m'ont dit qu'ils me rendraient cela...

— Sois donc tranquille! on te les rendra tes frais!... tes cent mille francs sont chez un banquier, je crois?

— Oui... qui me paye l'intérêt à cinq pour cent.

— Cinq pour cent! belle misère vraiment! moi je veux que ces cent mille francs-là te rapportent dix ou douze pour cent!...

— Et mes fonds, à moi, Victorin?

— Vos fonds, chère dame, ce sera comme pour ceux de ma sœur... absolument la même chose... Tiens, Emma, signe ce papier que j'avais préparé... mets : « Approuvé l'écriture ci-dessus, » et signe...

La jeune fille signe en hésitant un peu, enfin elle donne le papier à son frère en lui disant :

— Mais à présent il ne nous reste plus que peu d'argent ici... n'est-ce pas, madame?

— C'est vrai... et le mois prochain c'est le terme... sept cents francs à payer... nous serons à court...

— Oh! soyez tranquille! je vous apporterai des fonds avant la fin du mois... ou pour la fin du mois au plus tard...

— Tu ne nous oublieras pas, mon frère?

— Mais non!... Maintenant, adieu, je cours chez le banquier retirer les fonds... je n'ai pas de temps à perdre, car je veux entreprendre ma nouvelle affaire dès aujourd'hui... Au revoir, madame Sarget... bonjour Emma...

— Mon frère, ne nous oubliez pas... pour la fin du mois!...

Victorin ne répond plus, il est déjà loin; il remonte dans son cabriolet et se fait conduire chez le banquier qui a les derniers fonds de sa sœur. Là il faut qu'il attende quelque temps, le banquier étant en affaires. Enfin on termine la séance en lui donnant un mandat de cent mille francs sur la Banque. Il se rend à la Banque, où il faut encore attendre assez longtemps. Lorsque enfin il a ses fonds, l'heure de la Bourse est passée, et c'est là que le plus jeune des fils de M. Monlaurent faisait ses opérations soi-disant assurées, mais dans lesquelles il avait déjà englouti toute sa fortune, une partie de celle de sa sœur et tout l'argent qu'on lui avait prêté.

Victorin se promenait fort contrarié sur la place de la Bourse. Un beau jeune homme, bien élégant, bien fashionable, et le monocle collé sur l'œil, se place devant lui et l'arrête :

— Que fais-tu donc là, cher, l'air ennuyé comme si tu venais d'entendre lire une tragédie?

— Ah! c'est toi, Roseville! Je suis contrarié, extrêmement contrarié!... j'ai cent mille francs à ma disposition... je voulais me rattraper à la Bourse, où jusqu'à présent je n'ai pas été heureux... j'aurais joué la hausse... j'étais certain que cela monterait aujourd'hui, et, en effet, les fonds ont monté et beaucoup même... mais j'arrive trop tard, la Bourse était fermée!...

— Mon bon, il y a une chose que je ne comprends pas, c'est ton amour pour ce jeu de Bourse, où il faut attendre la fin du mois pour savoir si l'on a gagné ou perdu... moi, j'aime à savoir vite mon sort!... parlez-moi du lansquenet, du baccarat... de l'écarté même... enfin de ces jeux où dans une soirée on peut doubler, tripler ses capitaux, voilà ce que j'appelle des jeux amusants! Cela vous tient en haleine, vous émotionne, vous fait passer à chaque instant de la crainte à l'espoir...

— Oui... mais que peut-on gagner dans ces soirées-là?... quelques billets de mille francs... Je n'ai jamais trouvé de joueur qui voulût risquer plus... et ce n'est point un gain si médiocre qu'il me faut!...

— Je t'assure qu'il y a des réunions où l'on peut perdre ou gagner de très-fortes sommes... C'est que tu n'as pas été présenté dans les bonnes maisons!... tiens, je vais ce soir dans une réunion où ce sera extrêmement brillant... Tout ce qu'il y a de mieux en hommes; les femmes sont peut-être un peu mêlées... mais que nous importe? au contraire, ce n'en est que plus amusant. Viens avec moi, je te présente.

— Et on y jouera gros jeu?

— Je t'en réponds! il vient là des étrangers cousus d'or... des princes russes, oh! mais de vrais Russes, qui perdent cent, deux cent mille francs sans sourciller; des Américains qui passeraient la nuit à jouer... des Anglais, des Espagnols qui reviennent de la Californie et ne savent que faire de leurs pepites... il y a jusqu'à des Chinois, qui sont très-joueurs aussi!

— Et les grecs que tu oublies!

— Oh! non... pas des grecs comme tu l'entends! Madame Dalvimare est très-sévère sur le choix de ses invités, un joueur douteux ne serait pas reçu deux fois!

— Cependant tu m'offres de me présenter, et on ne me connait pas?

— Oui, mais on me connaît, moi, et l'on sait bien que je n'amènerais pas un joueur véreux!... Voyons, veux-tu y venir ce soir?

— Ma foi oui! conduis moi chez cette madame Dalvimare... je ne serai pas fâché de faire la partie de tous ces gens cousus d'or.

— Eh bien! dînons ensemble, et puis nous nous ferons conduire dans un charmant petit hôtel de la rue de Ponthieu. Oh! tu verras, cher, c'est tout tapis... glaces, fleurs, dorures... enfin c'est extrêmement *chic!*

Les deux jeunes gens vont fumer un cigare sur le boulevard des Italiens, et de là se rendent à la Maison-Dorée. Victorin mange peu; en général, les joueurs n'ont point d'appétit, la passion qui les consume absorbe toutes les autres; ils ne connaissent pas l'amour, ils sont insensibles au sourire d'une jolie femme, aux plaisirs de la table, aux charmes du spectacle, la pièce la plus intéressante, jouée par les premiers talents, les laissera indifférents, souvent même ils ne l'écouteront pas, tout préoccupés qu'ils seront de l'as de pique ou de la dame de cœur.

Roseville, qui est bien moins joueur que Victorin, conte à

Hélas ! notre entreprise sur les eaux-de-vie n'a point réussi. (Page 44.)

son ami ses intrigues, ses bonnes fortunes. Le jeune Monlaurent songe à tout l'argent qu'il a déjà perdu, mais il est persuadé que la veine ne peut pas toujours lui être contraire, et que la chance heureuse doit lui arriver. Il est impatient de se rendre chez madame Dalvimare, et son ami est obligé de lui dire :

— Patience, cher, nous ne pouvons pas nous y rendre avant neuf heures et demie au plus tôt ; nous aurions l'air d'arriver de notre village... d'ailleurs les gros joueurs n'y sont jamais avant dix heures.

Enfin le moment de se rendre rue de Ponthieu est venu. Les deux amis s'y font conduire, et Victorin voit que son introducteur ne l'a pas trompé. Tout est brillant, élégant chez madame Dalvimare ; les salons, dont l'ameublement est fort riche, sont éblouissants de lumière ; les dames sont parées comme pour un bal, et presque toutes sont jolies ; elles causent volontiers et sourient agréablement aux étrangers. Mais tout cela glisse sur le cœur de Victorin, il ne regarde, il ne cherche que des tapis verts.

Quelques petites parties d'écarté sont seulement en train, les gros joueurs ne sont pas encore arrivés.

Pour passer le temps, Victorin va se placer à une table où des dames jouent au chemin de fer. On n'y expose que de l'or, mais il trouve moyen d'y perdre quelques billets de banque ; aussi les dames lui adressent des œillades très-expressives, c'est à qui lui fera le plus d'agaceries : on se penche sur son épaule, on s'appuie sur son bras, on lui adresse de ces demi-mots qui valent une phrase tout entière... on pique son amour-propre en lui disant :

— Tiendrez-vous encore ceci ?...

— Et puis ceci ?...

— Je tiens tout ! répond Victorin, qui ne trouve jamais les enjeux assez forts, et parvient cependant à laisser une dizaine de mille francs entre les mains de ces dames, qui quittent alors la partie en s'écriant :

— A présent nous allons danser !...

— Ah ! très-bien, se dit Victorin, elles abandonnent la partie au moment où la chance allait me venir... mais aussi je suis un sot de jouer contre des femmes ! est-ce que jamais on gagne avec elles... Enfin... ces gros joueurs arriveront, il faut l'espérer.

Les étrangers arrivent en effet, et bientôt de fortes parties s'engagent. Victorin examine quelque temps les personnages qui se placent à des tables de jeu. Bientôt le grand seigneur russe prend la main à une partie de lansquenet et commence sa banque en jetant trois billets de mille francs devant lui. Trois joueurs font la somme ; le banquier gagne et dit :

— Il y a six mille francs, messieurs ?

— Banco ! s'écrie Victorin en s'approchant de la table de lansquenet, sur laquelle il met six billets de mille francs.

On s'empresse de faire place à ce jeune homme qui s'annonce si bien. Le Russe tire les cartes et gagne. Il dit alors du même ton froid qu'auparavant :

— Il y a douze mille francs, messieurs ?

— Banco ! dit Victorin en remettant des billets sur le tapis.

Le banquier amène deux as. Il recommence sa phrase toujours sur le même ton et dont le chiffre seul est changé :

— Il y a vingt-quatre mille francs à faire, messieurs ?

— Banco ! répond Victorin, dont la voix trahit l'émotion, bien qu'il fasse son possible pour la maîtriser.

Cette fois, la partie devient si intéressante, que beaucoup de personnes quittent leur place pour s'approcher de la table de lansquenet. Le Russe tourne les cartes et gagne de nouveau. Il met les billets en tas devant lui et crie :

— Il y a maintenant quarante-huit mille francs à faire... mais je retirerai si c'est trop...

— Non... non... je les fais... Banco pour les quarante-huit mille francs ! dit Victorin d'une voix frémissante et en étalant sur la table toute la somme qui lui restait, et qui justement était de quarante-huit mille francs.

— Ah ! bravo ! monsieur, vous êtes un beau joueur ! dit le seigneur russe en souriant à son adversaire, et j'aime à faire la partie avec des personnes qui jouent aussi largement que vous !

Victorin ne répond rien ; il attend avec anxiété que le ban-

Voici ma réponse, Félix. (Page 48.)

quier tourne les cartes... Chacun dans le salon semble partager son impatience, et il est probable que presque tous les vœux sont pour le jeune homme qui joue contre quelqu'un qui n'a nullement besoin de gagner.

Le plus grand silence se fait. Le banquier tourne les cartes... il amène deux dames. Victorin a encore perdu.

— Il y a quatre-vingt-seize mille francs à faire ! dit le Russe avec son flegme habituel.

Mais personne ne répond. Victorin s'est éloigné de la table, il ne peut plus jouer, il n'a plus rien. Il a perdu quatre-vingt-dix mille francs au lansquenet et dix au chemin de fer, ce qui complète les cent mille qu'il avait sur lui.

Il s'éclipse du salon la tête basse, l'œil enflammé, l'air farouche. Une fois dehors, il s'abandonne à sa fureur, s'arrache les cheveux, maudit le sort qui le poursuit, et s'écrie à chaque instant : « Plus rien ! plus rien ! »

Et ne croyez pas qu'en cet instant il songe à sa sœur qu'il a ruinée, à madame Sarget qu'il réduit à la misère, à son frère et à bien d'autres auxquels il doit des sommes plus ou moins fortes. Une seule chose l'occupe : c'est de savoir comment il pourra se procurer encore de l'argent pour recommencer à jouer.

XIX

ON DÉCOUVRE LE POT AUX ROSES

La fin du mois était arrivée, et Victorin n'avait pas reparu boulevard Malesherbes.

Emma était inquiète, mais elle n'osait pas trop le laisser voir devant sa tutrice, qui ne cessait de dire :

— Victorin va venir aujourd'hui... Assurément il viendra... il sait que nous allons nous trouver à court d'argent... Oh ! ce sont ses occupations qui le retiennent... Je suis sûre que ce n'est pas sa faute s'il n'est pas encore venu.

— Madame, vous savez que je n'ai plus que cinq cents francs dans mon secrétaire... J'ai fait meubler cette maison avec élégance, mais cela m'a coûté très-cher...

— Je le sais, mon enfant, j'ai vu le mémoire du tapissier... Vous êtes assez riche pour vous être donné un ameublement à la mode... Il ne s'agit pas de cela... moi, j'ai en caisse environ quatre cents francs...

— Mais le quinze il faut en donner sept cents pour le terme du loyer... et tout les jours on en dépense de l'argent...

— Sans doute... Oh ! mais Victorin ne nous laissera pas dans l'embarras ! Il va venir !

Au lieu de Victorin, c'est le beau Saint-Estève qui se présente chez ces dames et qui va baiser la main de madame Sarget, en s'excusant de ne point être venu depuis quelques jours ; mais il était retenu par une vieille tante malade dont il hérite, et, bien qu'il méprise l'argent, il a cru de son devoir de faire compagnie à sa tante qui est très-riche et l'aime beaucoup.

Emma écoute tout cela avec la plus parfaite indifférence ; mais madame Sarget s'empresse de répondre :

— Vous faites bien d'arriver, mon cher monsieur Saint-Estève, car vous allez nous rendre un service.

— Un service, madame. Ah ! je suis trop heureux que vous me fournissiez une occasion de vous prouver mon zèle, mon empressement à vous être agréable... Disposez de moi... un, deux, trois services... Ordonnez. Je suis prêt !...

— Mon cher monsieur, reprend la vieille dame en riant, figurez-vous que vous voyez des personnes qui sont sans le sou, ou à peu près, car c'est à peine si elles ont de quoi payer leur terme !...

Le jeune homme ouvre de grands yeux, puis se met à rire aussi :

— Ah ! la bonne plaisanterie. Je vois ce que c'est ! Vous avez perdu la clef de votre secrétaire, de votre caisse, ou bien il y a un secret que vous ne pouvez plus trouver... Vous voulez savoir si je le trouverai, moi ?

— Non, ce n'est pas cela!... nous ouvrons parfaitement nos secrétaires. Mais je ne plaisante pas en vous disant que nous sommes presque sans le sou... Heureusement cela ne nous inquiète pas... c'est l'affaire de quelques jours... Il faut que vous sachiez que nous avons confié tous nos fonds à Victorin Monlaurent, un des frères d'Emma, un garçon rempli d'ordre, d'intelligence... qui travaille jour et nuit, parce qu'il veut devenir millionnaire... et il le deviendra!... et il doublera la fortune de sa sœur... et mon petit avoir en même temps...

Saint-Estève, qui est devenu sérieux, interrompt la vieille dame.

— Vous avez confié des fonds à ce monsieur... Mais je pense bien que mademoiselle ne lui a pas remis toute sa fortune?

— Pardonnez-moi... nous avons tout mis entre les mains de Victorin... Emma ne voulait pas, elle se trouvait assez riche... Mais je lui ai dit : « Mon enfant, on ne l'est jamais trop... Celui qui t'épousera sera de mon avis... »

— Ainsi mademoiselle a retiré ses fonds qu'elle avait, je crois, chez un notaire et chez un banquier?

— Oui, monsieur, ma tutrice me la conseillé... et mon frère m'en a tant priée....

— Mais que fait-il donc monsieur votre frère... quelle est sa position dans le monde?

— Mon Dieu... je n'en sais rien, monsieur...

— Victorin! reprend madame Sarget, il fait de spéculations... des opérations commerciales... Oh! soyez certain que c'est un garçon trop sage pour aventurer les fonds qu'on lui confie... Il ne va qu'à coup sûr!... Il doit nous apporter de l'argent d'un moment à l'autre... Mais en attendant je pense que cela ne saurait vous gêner de nous prêter un billet de mille francs... pour quelques jours seulement... Demain peut-être nous vous le remettrons, voilà pourquoi j'agis sans façon en vous faisant cette demande...

La figure de Saint-Estève a complétement changé d'expression, ses traits se sont allongés, l'air aimable, le sourire gracieux, ont disparu ; l'embarras, l'inquiétude, les ont remplacés. Il balbutie ou plutôt il bredouille d'une voix saccadée :

— Ah! c'est mille francs dont vous avez besoin... Oh! cela ne me gêne pas du tout... assurément... Seulement je ne les ai pas sur moi... Je vais aller vous les chercher... J'ai mon cabriolet en bas... Je reviendrai bientôt.

— Ne revenez que demain, si vous n'avez pas le temps aujourd'hui...

— Mais quelle est l'adresse de M. votre frère Victorin... Je pourrais y passer... pour lui rappeler que vous l'attendez...

— Oh! oui, monsieur, ce serait très-aimable à vous. Mon frère demeure rue Saint-Georges, 27.

— Fort bien... J'irai le voir...

— Alors, s'il n'a pas le temps de venir, dit madame Sarget, qu'il vous remette des fonds pour nous... Comme cela vous n'aurez pas besoin de nous prêter...

— Oh! madame... je serai trop heureux... Mais je ne veux pas perdre de temps... Je vais faire vos commissions... Au revoir, mesdames...

— A bientôt, monsieur Saint-Estève ?...

— Oui... oui... à bientôt.

Le beau monsieur, qui paraissait fort pressé de partir, a pris son chapeau et disparaît si promptement qu'il renverse une chaise pour trouver plus vite la porte, ce qui fait beaucoup rire Emma, qui s'écrie :

— Mon Dieu! comme M. Saint-Estève était pressé de s'en aller... Il a manqué de renverser aussi la console!...

— Cela prouve le zèle qu'il met à nous être agréable... Nous devons lui en savoir gré...

— Je ne sais pas si c'est ce zèle-là qui avait si complétement changé sa physionomie... Mais en apprenant que j'ai confié toute ma fortune à mon frère, il a fait une si drôle de figure... Ah! j'ai cru qu'il allait pleurer...

— Emma, vous n'aimez pas ce jeune homme, vous êtes une ingrate... puisqu'il voudrait que vous fussiez pauvre pour vous enrichir en vous épousant.

— Que sait-on!... Il va peut-être en avoir l'occasion...

— Que c'est ridicule ce que vous dites là!... N'allez-vous pas suspecter la bonne foi de votre frère maintenant?

— Dieu m'en garde, madame ; seulement je me trouvais très-bien comme j'étais... Je ne suis pas ambitieuse, moi!

— C'est bien, mademoiselle; mais à votre âge on se laisse guider par des personnes qui ont de l'expérience!

— C'est aussi ce que j'ai fait, madame.

Cependant la journée s'écoule et M. Saint-Estève n'a point reparu. Emma ne dit rien, mais au fond de son cœur elle est enchantée du peu d'empressement que ce monsieur met à leur être utile.

Madame Sarget ne peut s'empêcher de murmurer par moments :

— C'est singulier que M. Saint-Estève ne revienne point... Ah! les jeune gens... il aura rencontré des amis qui l'auront emmené.... ou peut-être sa tante est-elle retombée malade!...

Emma ne répond point. La soirée se passe comme la journée, et l'on va se coucher sans avoir plus entendu parler de M. Saint-Estève que de Victorin.

Le lendemain une inquiétude vague s'est emparée de la vieille dame. A chaque moment elle prête l'oreille, espérant que la sonnette du dehors se fera entendre; mais personne n'arrive, et lorsque midi a sonné, Emma ne peut s'empêcher de dire :

— Trouvez-vous, madame, que M. Saint-Estève soit si empressé de nous obliger... Je crois que ce jeune homme si désintéressé ne se soucie pas du tout de nous prêter mille francs!...

— Je n'y comprends rien! Il faut qu'il lui soit survenu quelque accident... Et Victorin qui ne donne pas de ses nouvelles... Il est sans doute malade aussi.

— Et dans trois jours c'est le quinze... Nous n'avons pas l'habitude d'être en retard pour notre loyer...

— Ma chère enfant, je vais prendre une voiture et me faire conduire chez Victorin, car il faut savoir ce que tout cela veut dire. Je le tancerai d'importance pour lui apprendre à nous oublier ainsi!

— Oh! oui, madame, allez chez mon frère, et si vous ne le trouviez pas, voyez mes frères, Félicien ou Adolphe; il me semble qu'il est plus naturel de leur emprunter mille francs, à eux, qu'à ce M. Saint-Estève, auquel il me serait pénible d'avoir des obligations...

— Oui... au fait, puisque ce monsieur ne revient pas... Oh! mais je gagerais qu'il lui est arrivé quelque chose...

Madame Sarget termine vivement sa toilette; elle envoie la domestique lui chercher une voiture, et elle part, en disant à Emma :

— Si M. Saint-Estève vient pendant mon absence... ce qui est présumable, vous le prierez de m'attendre.

— Oh! je gage bien que je n'aurai pas cette peine!...

La vieille dame se fait conduire à la demeure de Victorin. Elle entre dans la maison et demande au concierge :

— M. Victorin Monlaurent?... est-il chez lui?

La concierge se donne un air goguenard, en murmurant :

— Ah! ouiche!... En voilà un qui se fait demander maintenant!... Mais bernicle! les oiseaux sont dénichés.

— Est-ce que vous ne m'avez pas entendue, concierge; je desire savoir si M. Victorin Monlaurent est chez lui... Est-ce qu'il ne demeure plus ici?

— Ma foi, je serais bien embarrassé pour vous dire où il perche à présent; mais il doit être loin s'il court toujours!...

— S'il court toujours!... Il est donc en voyage; expliquez-vous mieux... Je ne comprends pas...

— C'est cependant bien facile à comprendre... Ce jeune homme a fait des bamboches, des dettes de tous les côtés... car, Dieu merci, il en vient ici des créanciers! et il y a trois semaines, il a disparu, il est parti sans payer personne... il a levé le pied, comme on dit!...

Madame Sarget pâlit, jaunit, verdit, son nez a l'air de s'enfler; elle saisit le bras du concierge, en s'écriant :

— Cela ne se peut pas... vous faites erreur... Je vous parle de M. Victorin Monlaurent, un jeune homme de bonne famille... grand travailleur, fort riche...

— Fort riche, oui, on dit qu'il l'était quand il est venu demeurer ici... Mais malgré cela il ne payait jamais personne.. Il doit encore ses meubles au tapissier, et deux termes au propriétaire, sans compter le courant...

— Et c'est bien de Victorin Monlaurent que vous parlez?

— Oui, madame, un assez joli garçon du reste, un peu petit, un peu maigre, un peu jaune...

— Et vous ne savez pas où il est maintenant; il n'a pas donné son adresse?

— Le plus souvent!... Il a filé sans rien dire... pour dépister ses créanciers.

— Oh mon Dieu! Oh mon Dieu! Oh mon Dieu!...

Et madame Sarget est remontée dans son fiacre, tandis que le concierge rentre dans sa loge en se disant :

— Il paraît que cette dame-là y est pour une somme *conséquente!*... V'là ce que c'est que de prêter aux jeunes gens!

La tutrice d'Emma ne peut encore se persuader que ce concierge lui a dit vrai, et elle se fait conduire à la demeure de Félicien, espérant, par celui-ci, avoir des renseignements positifs sur Victorin, et savoir où le trouver.

— M. Félicien Monlaurent, demande la vieille dame à une portière, qui répond :

— Il ne loge plus ici, madame, il demeure maintenant rue des Martyrs .. Tenez, voici son adresse.

Madame Sarget prend l'adresse, se fait conduire à la nouvelle demeure de Félicien; elle est surprise de trouver une maison sale, délabrée, d'un aspect pauvre, et fait sa demande à une vieille portière qui est comme la maison.

— M. Félicien Monlaurent, s'il vous plaît?

— M. Félicien!... Ah! pardi, vous tombez bien... il y est... ordinairement à c'te heure il n'y est pas, il va tenir les livres chez son gros épicier... Mais aujourd'hui il n'y a point *z'été* vu qu'il est un peu malade... même que je lui fais de la mauve avec du *jusse* de réglisse, que c'est délicieux pour les rhumes... Et il tousse ce pauvre monsieur que ça en fait aboyer Azor!... que j'emmène avec moi pour faire le ménage de mon locataire.

Madame Sarget écoute tout cela sans y rien comprendre et dit :

— Je crois, madame, que vous faites erreur et que votre locataire n'est pas le jeune homme que je cherche... Celui que je demande, M. Félicien Monlaurent, est fort riche et ne tient pas les livres chez un épicier...

— Ah! écoutez, mon locataire a été fort à son aise aussi, à ce qu'il m'a dit, car il soupire toute la journée en regrettant sa fortune et en s'écriant : « Ah! les femmes! les femmes?... » Il paraît, entre nous, qu'il en a un peu trop goûté!... Faut les aimer... c'est le devoir de l'homme... nous le méritons! mais faut pas outrepasser les bornes de la nature...

— Comment est-il votre locataire?

— Un blond, très-grand, des yeux faïence, bigrement maigre à présent... Je lui présuppose de vingt-sept à vingt-neuf ans...

— Ce signalement se rapporte, et il est chez lui?

— Oui, madame, ous'qu'il tousse à vous abrutir...

— Je vais monter.. Quel étage, s'il vous plaît?

— Au *cintième*... la porte à côté des lieux... Mais on n'a de l'odeur que quand il pleut!...

Madame Sarget monte un escalier sombre et sale, où les marches vous font glisser à chaque pas; enfin elle arrive au cinquième, ouvre une porte et se trouve dans un affreux réduit. Félicien est assis sur une misérable couchette. Il est tellement changé qu'elle a de la peine à le reconnaître. Mais le jeune homme la reconnaît fort bien; il s'écrie :

— Tiens, madame Sarget!... Ah! c'est gentil de venir me voir... Je serais allé chez ma sœur si je n'avais pas eu la fièvre...Je voulais lui emprunter de l'argent... Mais vous m'en prêterez, c'est la même chose.

La vieille dame est stupéfaite; elle contemple Félicien, en murmurant :

— Comment! c'est bien vous, Félicien... dans cette misérable chambre... Pourquoi avez-vous quitté votre beau logement?... Qu'est-ce que cela signifie?

— Ça signifie que je n'ai plus rien... que les femmes m'ont plumé... Oh! mais ce qui s'appelle plumé à blanc!... C'est surtout Anita et Antonia qui m'ont achevé... Oh! Anita... hum!... hum!... A présent je bois de la tisane!... et j'ai à peine la force de me tenir sur mes jambes!

— Est-ce bien possible, mon Dieu! vous, Félicien, qui baissiez les yeux devant moi...

— Ah! ça ne prouve rien, ça!...

— Et votre frère Victorin, le voyez-vous, où est-il maintenant... j'ai besoin de le savoir...

— Victorin... est-ce que j'en sais rien! Qu'est-ce que cela me fait... un avare! Je lui ai emprunté de l'argent, il m'a refusé... qu'il aille au diable!... Mais ma petite sœur m'en prêtera, n'est-ce pas, madame Sarget.

— Non, monsieur, non... n'y comptez pas!... de l'argent pour favoriser vos débauches... jamais... Et d'ailleurs... quand elle le voudrait... O mon Dieu... il ne nous reste plus qu'un espoir. Adieu, monsieur Félicien...

— Comment! vous me quittez comme ça, maman Sarget; donnez-moi au moins dix francs pour ma portière...

La pauvre dame n'écoutait plus. Elle descend les cinq étages en trébuchant à chaque marche, passe, sans répondre, devant la portière qui lui crie :

— C'est-y votre monsieur?

Et remonte dans sa voiture pour se faire conduire chez Adolphe Monlaurent.

Celui-ci n'a point déménagé; elle le trouve à table entre ses fidèles compagnons Flanquette et Goudmann. Ces trois messieurs sont déjà à peu près ivres, mais le gros Adolphe l'est bien plus que les deux autres.

En voyant entrer chez lui madame Sarget qui, grâce à son nez, était toujours très-reconnaissable, Adolphe pousse une exclamation de surprise qui fait peur à ses deux convives :

— Madame Sarget!... Quel bonheur! c'est madame Sarget qui vient déjeuner avec nous... En voilà une surprise! nous avons déjà déjeuné, mais ça ne fait rien, nous continuerons... Nous déjeunons toute la journée, nous autres... Jean! une assiette... des verres... plusieurs verres...

— Mais non, mon cher monsieur Adolphe, je ne viens pas pour déjeuner... Oh! je n'ai pas faim... d'ailleurs c'est fini.

— Bah! bah! vous boirez... j'ai du vin de dames... et du champagne... vous aimez le champagne?...

— C'est le vin du beau sexe!.., murmure M. Flanquette en tâchant de se donner un air posé.

Madame Sarget cherchait à reconnaître le jeune Adolphe dans ce gros monsieur aux joues bouffies, au nez violet, dont les yeux étaient rapetissés et avaient cette expression vague et stupide des gens ivres. Elle portait ensuite ses regards sur Flanquette, qui faisait son possible pour se tenir droit, et le négociant en lorgnettes, qui lui souriait et la saluait continuellement.

Adolphe emplit des verres à pattes avec un autre vin que Jean vient de mettre sur la table, en présente un à madame Sarget, et ces messieurs trinquent en balbutiant :

— A la santé des dames!...

— Ah! il être pon, ce vin-là... c'être du champagne rouche?

— Eh non... c'est du grenache... Comment, vous, Goudmann, vous ne le connaissez pas!...

— Du canâche... non, j'affre bas encore bu...

— Eh bien, maman Sarget... trinquez donc avec nous...

La vieille dame repousse le verre en répondant :

— Non, encore une fois, Adolphe, je ne suis pas venue ici pour boire!...

— Pourquoi, diable, y êtes-vous venue alors?

— Pour apprendre des nouvelles de votre frère Victorin pour que vous me disiez ce qu'il fait... ce qu'il est devenu, car il faut absolument que je le trouve...

— Victorin... c'est un filou... il m'a emprunté quarante mille francs... Au lieu de me les rendre, il m'en demandait d'autres... mais *nix*... pas *comprenir!*... Je ne l'ai pas revu depuis... Flanquette l'a cherché partout... Impossible de mettre la main sur lui... Et Félicien m'en doit quinze mille, que je ne reverrai jamais... Obligez donc vos frères ! merci... j'en ai assez... à votre santé...

— Je vous avais averti, dit M. Flanquette, je vous avais prévenu qu'il ne fallait jamais prêter d'argent à ses parents... c'est autant de perdu !... n'est-ce pas Goudmann ?

Goudmann répond de l'œil et de la tête, en savourant son vin de Grenache.

— O mon Dieu... il serait possible... mais Victorin a ruiné votre sœur... il nous a pris tout ce que nous possédions, sous c prétexte de tripler nos capitaux !

— Ça ne m'étonne pas ! je l'en crois très-capable... Décidément j'aime mieux le champagne ! ça, c'est trop sucré !...

— Mon cher Adolphe, votre sœur se trouve gênée... Vous ne refuserez pas de lui prêter deux ou trois mille francs... Grâce au ciel, vous devez être encore riche, vous?

Le gros Adolphe regarde la vieille dame d'un air hébété, puis il se tourne vers son ami Flanquette en balbutiant :

— Flanquette, est-ce que nous sommes encore riches... Parle, mon associé ?

M. Flanquette se redresse, se mouche et répond d'une voix pâteuse :

— Hélas ! notre entreprise sur les eaux-de-vie n'ayant point réussi comme nous l'espérions... cela nous a bien gênés... Maintenant nous avons mis presque tous nos fonds dans les rhums... et nous attendons des rentrées... Goudmann, les rhums ont-ils monté hier ?

— J'en affre monté quatre pouteilles chez moi... touchours du même... de celui...

— Assez ! pas un mot de plus !

— Comment, Adolphe, est-ce que vous refuseriez de venir en aide à votre sœur ?

— Ma chère madame Sarget... j'ai aidé mes frères, c'est bien assez... ça ne m'a pas profité !... D'ailleurs, pourquoi ma sœur a-t-elle donné tout son argent à Victorin... En voilà une boulette... Et vous, sa tutrice... vous avez souffert ça... à votre santé...

— Moi !... moi !... balbutie la pauvre dame, qui ne peut plus parler. Moi... ah ! oui, je suis bien coupable !...

Et sortant désespérée de la pièce où trônent les trois ivrognes, madame Sarget a regagné sa voiture ; c'est à peine si elle a la force de dire au cocher de la ramener où il l'a prise. Elle arrive chez elle, bouleversée, tremblante, les yeux tout en pleurs.

Emma, effrayée en voyant en quel état est sa tutrice, s'empresse d'aller à elle, l'entoure de ses bras, veut la conduire à un fauteuil, mais la vieille dame résiste; elle veut absolument tomber aux genoux de sa pupille, et, là, murmure d'une voix entrecoupée par les sanglots :

— Maudissez-moi, mon enfant, car c'est moi qui vous ai perdue... Vous êtes ruinée... Je n'ai plus rien... Mon désir de m'enrichir a causé ma perte et la vôtre... La mienne ne serait rien... mais vous, qui aviez de quoi vivre heureuse... je vous ai réduite à la misère... Ah ! c'est affreux, je ne me le pardonnerai jamais !...

La jeune fille est obligée de consoler sa tutrice, de lui jurer qu'elle lui pardonne, qu'elle ne lui en veut pas et qu'elle saura supporter l'adversité. Alors madame Sarget fait à Emma le récit de tout ce qu'elle a appris et vu dans ses courses.

Emma est surtout touchée de l'état de ses frères Félicien et Adolphe, puis elle murmure :

— Victorin, un filou... Oh ! non, je ne croirai jamais cela !...

— Et... et M. Saint-Estève est-il venu ? demande madame Sarget d'une voix tremblante.

— Oh ! non, il n'est pas venu, et j'en rends grâce au ciel !... Songez-vous, madame, combien il me serait cruel maintenant de contracter envers ce monsieur des obligations que je ne saurais comment acquitter... Tenez, madame, dans le malheur qui nous arrive je vois, moi, un côté heureux, c'est qu'il vous apprend à connaître ce monsieur soi-disant si désintéressé, et qui, disait-il, ne m'aimait que pour moi-même !... Il a fui avec ma fortune... comme les hirondelles devant l'hiver !...

— Mais enfin, mon enfant, nous ne possédons plus rien ! Qu'allons-nous faire ? Qu'allons-nous devenir ?

— Madame, nous possédons encore cet élégant mobilier qui a coûté près de dix mille francs ; nous allons le revendre, puis nous quitterons tout de suite cette jolie maison ; nous renverrons les deux domestiques, nous prendrons un petit logement bien modeste, et... je travaillerai !...

— Travailler !... vous, Emma, accoutumée à l'aisance, au bien-être...

— Pourquoi pas, madame, je ferai comme mon cousin Félix... Il travaille maintenant, lui, et il ne s'en trouve pas plus mal, au contraire ; je suis jeune, j'ai du courage, je travaillerai pour nous deux... et je sens que je serai fière en sachant que mon existence est utile à quelqu'un.

XX

IL Y A DES CHUTES HEUREUSES

On était dans le plus fort de l'hiver. Félix ignorait tous les changements arrivés dans la position de sa cousine ; depuis qu'il avait été s'informer chez le concierge du boulevard Malesherbes, et qu'il avait su que le beau Saint-Estève était reçu par madame Sarget comme le futur mari d'Emma, il s'était promis de ne plus chercher à revoir celle qui ne devait pas être sa femme. Tous les mois cependant il se rendait au moins une fois au parc de Monceaux, mais c'était pour donner quelque chose à la petite mendiante, qui, sans même qu'il l'interrogeât, lui disait tristement :

— Votre jolie cousine ne vient plus se promener par ici !

Félix cherchait dans le travail une distraction à cet amour qu'il essayait en vain de bannir de son cœur ; mais il avait perdu sa gaieté, et le docteur Choubert faisait de vains efforts pour la lui rendre.

Un matin, le docteur se trouve dans la rue vis-à-vis d'un gros gaillard à figure réjouie, qui le salue en s'écriant :

— Tiens !... c'est monsieur le médecin, l'ami de mon frère de lait, qui est venu à ma noce, où il a bu rubis sur le pouce !...

— Eh ! mais... vous êtes monsieur Dufilet... En effet, monsieur, j'ai eu le plaisir d'aller danser à votre noce... au lac du parc Saint-Fargeau...

— C'est ça, vous y êtes, on s'est amusé, n'est-ce pas?

— Beaucoup ! Pour ma part, j'en ai gardé un bien agréable souvenir, et madame votre épouse, comment se porte-t-elle?

— Laurette?... Oh ! ça va joliment bien !... Dites donc, ça y est !...

— Ça y est ?... Je n'y suis pas, moi !

— Je veux dire que... elle se porte pour deux maintenant... Hein ? comprenez-vous ?

— Ah ! vous voulez dire que madame est enceinte peut-être.

— Oh ! il n'y a pas de peut-être !... Ça y est !... déjà grosse comme un bœuf !... et même que j'étais sorti pour m'informer d'un accoucheur, parce que, d'un moment à l'autre... vous comprenez... faut pas se laisser surprendre ! Il y a bien M. Dardard qui veut absolument nous procurer une sage-femme qu'il protège... mais mon épouse ne se fie pas à Dardard ! Laurette dit : « Quand je serais pour accoucher, au lieu d'une sage-femme, il m'enverrait une tireuse de cartes !... »

— Ah ! c'est ce monsieur, sujet aux quiproquo ?

— Oui ! vous savez ce qu'il a fait à la noce de Gigoteau... Merci... il empêcherait ma femme d'accoucher.

— Mais dites donc, si vous n'avez personne en vue, je suis là, moi.

— Bah ! vraiment? Est-ce que vous en pincez?

— Il y a déjà plus de trois cents enfants qui me doivent le jour.

— Ah ! farceur... Oh ! mais alors ça y est, c'est dit... Venez tout de suite, que je vous présente à Laurette, elle sera très-contente de vous revoir.

Dufilet emmène le docteur à son étal. La belle Laurette est au comptoir. Elle reconnaît sur-le-champ le docteur et montre la plus grande joie de l'avoir pour accoucheur. De son côté, Dufilet est enchanté. Il veut aller trouver son frère de lait et lui apprendre que c'est son ami qui le rendra père. Mais le docteur lui dit :

— Ne vous dérangez pas, je compte voir Félix tantôt, et je ne manquerai pas de lui dire que madame a bien voulu m'agréer pour son accoucheur.

— Et de plus même que vous serez le mien aussi ; je veux dire mon médecin, quand je serai malade... Oh ! mais ça y est !

Le docteur a quitté ses nouveaux clients. Ses affaires l'ont conduit dans le haut du faubourg Saint-Martin, lorsqu'un cri part à côté de lui : c'est une dame que le verglas a fait tomber. On s'empresse pour la relever, et Choubert arrive un des premiers ; en regardant la personne qu'il vient secourir, il est fort étonné de reconnaître madame Sarget, qu'il voyait souvent lorsqu'il était le médecin de M. Monlaurent.

C'est en effet la tutrice d'Emma qui vient de se laisser choir. Elle n'est pas blessée, mais fortement contusionnée sur le côté et au genou. Le docteur veut faire avancer une voiture pour la ramener chez elle, mais la vieille dame s'y oppose en disant qu'elle demeure à deux pas.

— Alors prenez mon bras, madame, je vais avoir l'honneur de vous reconduire chez vous, où je vous ferai en même temps une ordonnance... car après une chute il est toujours bon de boire quelque chose.

Madame Sarget n'avait pas encore reconnu le docteur ; c'est en lui donnant le bras, en la conduisant chez elle, qu'il se nomme et se félicite de s'être trouvé là pour venir à son aide.

La vieille dame, encore étourdie par sa chute, regarde Choubert en murmurant :

— En effet, monsieur, je commence à vous reconnaître... Oui, vous avez été médecin de M. Monlaurent.

— Pas très-longtemps. Mais par quel hasard, madame, vous trouvé-je seule, à pied, dans un quartier si éloigné du vôtre, car vous demeurez, je crois, boulevard Malesherbes ?

Madame Sarget pousse un gros soupir et regarde le docteur en balbutiant :

— Ah ! monsieur, vous ignorez donc tous nos malheurs !...

— Vos malheurs ! mais je ne sais absolument rien, madame ; mademoiselle Emma aurait-elle eu aussi quelques peines... quelques chagrins ?

— Oh ! bien pis que cela, monsieur... Nous avons tout perdu... Nous sommes ruinées... Victorin... le frère d'Emma, qui voulait, disait-il, tripler notre fortune, a disparu avec notre argent...

— Serait-il possible !...

— C'est ma faute, monsieur. C'est moi qui ai conseillé à ma pupille de confier ses fonds à son frère... et maintenant la pauvre petite travaille pour nous nourrir... Venez, monsieur, c'est ici que nous demeurons, au quatrième étage. Venez... vous allez voir notre pauvre logement. Il y a déjà deux mois que nous habitons là... et Emma ne s'est pas encore plainte une seule fois.

Le docteur a le cœur serré. Il a peine à croire tout ce qu'il vient d'entendre. En entrant dans un petit logement bien modeste, mais bien propre, en apercevant la jeune fille qui travaille à l'aiguille devant une cheminée, où brûlent à peine deux tisons, Choubert court à elle et commence par l'embrasser avec des larmes dans les yeux, puis il murmure :

— Pardonnez-moi, chère demoiselle, pardonnez-moi, chère enfant, si je me suis permis... mais en vous retrouvant ainsi... vous que j'ai laissée riche et heureuse... cela m'a fait un mal... Ah ! permettez-moi de vous embrasser encore... pour me consoler un peu.

Emma presse avec joie les mains du docteur ; elle est heureuse de le revoir, et sourit en lui disant :

— Ah ! monsieur, dans l'adversité je sens que l'on est heureux de revoir des personnes qui nous aiment, et vous êtes la première qui nous témoigne de l'intérêt, de l'amitié depuis nos malheurs...

— Mais, chère demoiselle, pourquoi n'avez-vous pas fait savoir à vos amis ce qui vous est arrivé... Votre cousin Félix l'ignore comme je l'ignorais moi-même.

Emma baisse les yeux en répondant :

— Mes frères ont refusé de venir à mon aide. Madame Sarget a prétendu qu'il était inutile de s'adresser à d'autres. Et puis, je vous avouerai que je croyais mon cousin instruit de nos malheurs, et je me disais en moi-même : « Ce n'est pas bien à lui de ne point venir nous consoler. »

— Je vous répète, mademoiselle, que Félix vous croit toujours heureuse et prête à épouser un beau monsieur qui vous accompagnait à la promenade...

— Comment ! il croyait cela...

— S'il avait connu votre changement de position, mais il serait déjà à vos pieds !...

— Ah ! monsieur, que cela me fait de bien d'entendre cela !

— Madame Sarget a toujours fort mal jugé votre cousin... parce qu'une fois il a eu le malheur de se moquer de son nez. Oh ! les femmes, blessez leur amour-propre, elles ne l'oublieront jamais... Mais ce jeune homme qui devait vous épouser, et qui est riche, lui, ce Saint-Estève, comment peut-il vous laisser dans cette position ?

— M. Saint-Estève !... mais depuis que je suis ruinée, il a passé deux fois près de moi dans la rue, et il a détourné la tête pour ne point me saluer !...

— Quel cuistre !...

— Oh ! monsieur, convenez que je suis bien heureuse de ne pas avoir épousé ce monsieur-là.

— Ma foi, oui, c'est une consolation...

— Mais par quel hasard êtes-vous venu ici ce matin, docteur ?

— C'est bien un hasard, en effet... Madame est tombée, elle a glissé dans la rue... Et j'en bénis le ciel... puisque sa chute n'est nullement dangereuse, et que cela m'a permis d'apprendre tout ce qui vous est arrivé !

— Docteur, je ne puis croire que Victorin nous ait entièrement ruinées ! murmure madame Sarget. Est-ce que vous seriez assez bon pour vous informer... pour tâcher d'avoir de ses nouvelles... car ses deux frères ne m'ont pas écoutée...

— Oui, madame, oui, comptez sur moi, je vais m'informer, demander... Oh ! je vous réponds que j'aurai des renseignements certains. J'ai un ami qui est chef à la préfecture de police, et par lui je saurai ce que M. Victorin est devenu. Demain, pas plus tard, je viendrai vous dire ce que j'aurai appris. En attendant, madame, buvez une infusion de vulnéraire, et tenez-vous chaudement. Au revoir, chère demoiselle !...

Et le docteur ajoute tout bas, en serrant la main d'Emma :

— Dès aujourd'hui Félix saura que vous n'êtes plus une riche héritière... et je vous réponds bien que cela ne l'empêchera pas de vous saluer.

Emma ne répond rien, mais elle presse avec force la main du docteur... C'était plus expressif qu'une phrase !

XXI

RIEN DE TROP

Dans la soirée qui a suivi la visite du docteur, et rendu la joie, l'espérance à Emma, tandis que sa tutrice continue de pousser de gros soupirs, le portier monte une lettre à ces dames. Elle est adressée à madame Sarget. Mais celle-ci, qui a de mauvais yeux, dit à la jeune fille :

— Lisez-moi cela, mon enfant ; d'ailleurs je présume que cela vous regarde autant que moi. Cette lettre est peut-être du docteur, qui a déjà quelques bonnes nouvelles à nous donner.

Emma ouvre la lettre, de laquelle s'échappent d'abord deux billets de banque de mille francs chacun.

— Bon Dieu! des billets de banque! s'écrie la vieille dame. Oh! j'étais bien sûre, moi, que Victorin ne nous avait pas entièrement abandonnées... La lettre est de lui, n'est-ce pas, mon enfant?

— Madame, je ne vois pas de signature...

— Mais enfin on a écrit... Lisez, lisez vite...

La jolie Emma lit avec émotion le billet suivant :

« En apprenant votre infortune, on s'empresse de vous envoyer sur-le-champ ce léger secours; ne le refusez pas, et ne soyez pas inquiètes sur votre avenir; tous les six mois vous en recevrez autant, jusqu'à ce que l'on puisse faire mieux. »

— Ah! quel bonheur... Et il n'y a point de signature?

— Non, madame.

— Mais vous devez connaître l'écriture de votre frère Victorin?

— Non... ce n'est pas l'écriture de mon frère... Celle-ci m'est entièrement inconnue... Vous croyez donc, madame, que ce seours nous vient de Victorin?

— Mais, assurément! quel autre que lui pourrait nous envoyer cette somme et nous en promettre autant tous les six mois... Ce n'est là, certainement, qu'un faible à-compte sur ce qu'il a à vous, mon enfant; mais enfin cela prouve au moins qu'il n'a pas tout perdu, comme on le disait, et qui sait s'il ne redeviendra pas heureux dans ses spéculations?

Emma ne partage pas les idées de madame Sarget; il lui en est venu d'autres qu'elle se garde bien de lui communiquer, et ces dames vont se livrer au repos chacune avec leur espérance, et déjà bien moins inquiètes sur leur avenir.

Le lendemain on attend avec impatience le docteur; on pense que ce qu'il aura appris ne laissera plus de doutes sur l'auteur de la lettre anonyme.

Choubert arrive enfin sur les deux heures de l'après-midi; son aspect est sérieux, grave même. Mais madame Sarget lui laisse à peine le temps de saluer; elle lui montre la lettre et les deux billets de banque, en s'écriant :

— Tenez... tenez, docteur, nous avons des nouvelles, nous, et de bonnes, Dieu merci! Voilà ce que Victorin nous envoie... deux mille francs, et il en promet autant tous les six mois. Ah! je savais bien, moi, que ce garçon-là ne pouvait par être de mauvaise foi!...

Le docteur fronce les sourcils, jette un regard sur la lettre et dit :

— Pourquoi supposez-vous, madame, que cette lettre vous vient de Victorin?... Est-ce qu'elle est signée de lui?

— Non... Mais quel autre nous ferait tenir cet argent?

— Ah! vous ne soupçonnez personne... Je gage bien, moi, que mademoiselle Emma a une autre pensée que vous...

Emma sourit en regardant avec bonheur le docteur.

— Enfin, monsieur, reprend madame Sarget, qui se cramponne à son espoir, pourquoi ne voulez-vous pas que ce secours nous vienne de Victorin?

— Pourquoi? Je vais vous le dire, madame, car il faut enfin que vous sachiez toute la vérité; il faut qu'il tombe ce voile qui vous aveuglait et vous faisait si mal juger les frères de cette aimable enfant, si ridiculement élevés... je pourrais même dire si sottement élevés par leur père!... Victorin n'a pas pu vous envoyer cette lettre, car Victorin est mort... il s'est brûlé la cervelle dans les bois de Meudon... il y a un mois déjà...

Madame Sarget pousse un cri et se cache la figure : Emma tombe sur une chaise et fond en larmes. Le docteur lui prend la main, en lui disant :

— Pardon, mon enfant, mille fois pardon de vous apprendre si brutalement cette nouvelle... Mais pour les malheurs comme pour les opérations douloureuses, j'ai pour principe qu'il faut aller vite et ne point hésiter. D'ailleurs, croyez-moi, ne regrettez pas votre frère; il était joueur... joueur avec frénésie; c'est à la Bourse qu'il a commencé à se ruiner, puis à perdre l'argent des autres. Les derniers cent mille francs que vous lui avez confiés ont été engloutis en une soirée dans une partie de lansquenet... Quand on en est venu là, quand on perd sans remords ce qui n'est pas à soi, on est bien près de devenir fripon!... Victorin s'est tué : c'est ce qu'il avait de mieux à faire... ne le regrettez pas.

» Votre frère Félicien a perdu sa fortune avec les femmes, avec des courtisanes, des maîtresses qui se moquaient de lui! Mais du moins il n'a perdu que ce qui lui appartenait... ou à peu près. Le pire de l'affaire, c'est que sa santé est dans un état déplorable... Je l'ai vu ce matin, il m'a fait peur!...

» Reste votre frère Adolphe : celui-là est en train de perdre sa santé et son argent; il s'est adonné au vin... penchant le plus honteux pour un homme, en ce que parfois il l'abrutit et le met au niveau des idiots! Votre frère s'est entouré de filous qui profitent de son penchant pour le gruger, sous prétexte de lui faire faire de bonnes opérations sur les alcools. Je ne lui donne pas trois ans pour n'avoir plus le sou et être incapable d'aucun travail.

» Eh bien! madame Sarget, voilà quel a été le résultat de cette éducation si sévère, si sérieuse, que M. Monlaurent a donnée à ses fils : au lieu de faire coucher Félicien à dix heures, de lui dire de baisser les yeux devant les femmes, de l'engager à les fuir, s'il avait laissé son fils se permettre quelques plaisirs, quelques folies de son âge, celui-ci, devenu son maître, ne se serait pas abandonné d'une façon désordonnée à une passion dont il aurait déjà connu la fragilité. Avec Adolphe, s'il ne lui eût pas constamment mis de l'eau dans son vin, celui-ci n'aurait pas ressenti un si vif désir de se livrer aux plaisirs de la table... plaisirs dans lesquels il s'est jeté avec ivresse, parce qu'on les lui avait défendus.

» Quant à Victorin, son père ne lui permettait pas de toucher une carte; il lui défendait d'entrer dans un café jouer au billard... Pourtant, si ce jeune homme eût en jouant perdu quelques centaines de francs, cela n'aurait pas ruiné son père, mais cela lui aurait fait comprendre, à lui, quelle folie il y a de compter sur le jeu pour s'enrichir.

» A côté de ces trois jeunes gens, voyez maintenant ce jeune Felix Albrun, que son oncle a traité si sévèrement, parce qu'il aimait le plaisir sous ces trois formes séduisantes : les femmes, le jeu et le vin. Oui, il aimait tout cela... Mais comme les jeunes gens de son âge... *Ne quid nimis!* Rien de trop! dit le fabuliste latin; la maxime de *Phèdre* est sage... il faut goûter et ne pas abuser! Quand on est sage trop tôt, on risque de ne point l'être plus tard, tandis que ce mauvais sujet... comme M. Monlaurent appelait son neveu, ce mauvais sujet de Félix est maintenant un excellent employé, ayant déjà un intérêt dans la maison où il travaille; aimé, honoré par ses chefs, ne songeant plus qu'à faire son chemin... et vous ayant bien vite envoyé ces deux mille francs, ses premières économies... trop heureux, lui, de vous prouver que vos malheurs n'altéraient point l'amitié qu'il vous a vouée...

— Il serait possible! balbutie madame Sarget, cet argent nous vient de Félix!...

— Oui, madame, hier je lui ai appris votre position, et vous voyez qu'il n'a pas tardé à vous donner de ses nouvelles!

— Ah! j'avais bien deviné que cette lettre était de mon cousin! dit Emma en essuyant ses pleurs.

— Mais il est donc vraiment sage, à présent?

— Eh! sans doute! il l'est comme on doit l'être, car saint Paul a dit : *Oportet sapere ad sobrietatem!* Il faut être sage avec sobriété. Eh bien, madame, refuserez-vous encore les visites de mon jeune ami?

— Oh! non, docteur, car je vois bien que j'ai été injuste à son égard... Pauvre garçon, il doit bien m'en vouloir!

— Tout est oublié, chère dame! s'écrie Félix en se précipitant dans la chambre, où il embrasse madame Sarget et va baiser les mains de sa cousine, qui, en le voyant, oublie tous ses chagrins.

— Comment! c'est lui... Il était donc là? demande la vieille dame.

— Oui, il me suivait, dit le docteur. Et maintenant, comme je n'aime pas que les choses traînent en longueur, madame Sarget, je vous demande la main de votre charmante pupille pour son cousin Félix Albrun.

— Oh! docteur, je ne suis plus tutrice, car je ne faisais que des sottises!... C'est à Emma à répondre, et j'approuve d'avance tout ce qu'elle fera :

Emma rougit et présente sa main à son cousin, en lui disant :

— Voilà ma réponse, Félix... Mais je suis pauvre maintenant...

— Ma chère Emma, je bénis cette pauvreté, puisque c'est elle qui me permet de devenir enfin votre mari.

Six semaines après cette journée, Félix conduisait Emma à la mairie. Le docteur Choubert et le patron de Félix étaient ses témoins. La mariée aurait désiré avoir ses deux frères pour témoins à elle ; mais Félicien ne quittait plus la chambre, et Adolphe était parti avec Flanquette pour la Bourgogne, espérant y boire du clos-vougeot sur les lieux mêmes où on le récolte.

Dufilet et sa femme, invités pour la cérémonie, n'ont pas manqué de se rendre des premiers à la mairie, et quand on appelle les futurs, la belle Laurette dit tout bas à son mari :

— Vois-tu, ton frère de lait ne fait pas comme toi... il se présente dès qu'on l'appelle ; il est tout prêt ; il n'a pas ôté ses souliers, lui !...

— Cette malice ! répond Dufilet, il a des brodequins.

Les prédictions du docteur ne tardèrent point à se réaliser : au bout de huit mois Félicien était mort phthisique ; l'année suivante, le gros Adolphe, réduit à quinze cents francs de rente par suite de ses spéculations avec la maison Flanquette et Goudmann, s'était tellement abruti par l'abus du vin, qu'il n'était plus en état de remplir aucun emploi. Vous savez où la passion du jeu a conduit Victorin.

Félix, au contraire, ne songeant plus qu'à tenir dans le monde une place honorable, acquit par son travail une fortune suffisante, et fut à la fois bon père et bon époux.

Cependant il avait aimé les femmes, le jeu et le vin... mais : *Ne quid nimis !*

FIN.

TABLE

—

Clichy. — Impr. M. Loignon, Paul Dupont et Cie, rue du Bac-d'Asnières, 12.

EN VENTE A LA MÊME LIBRAIRIE, 10, RUE GIT-LE-CŒUR

Ch. Paul de Kock.

La Jolie fille du faubourg ... 1 10
L'Amoureux transi ... 1 10
L'Homme aux trois culottes ... » 90
Sanscravate ... 1 30
L'Amant de la lune ... 3 15
Ce Monsieur ... 1 10
La Famille Gogo ... 1 50
Carotin ... 1 10
Mon ami Piffard ... » 50
L'Amour qui passe et l'Amour qui vient ... » 70
Taquinet le Bossu ... » 70
Cerisette ... 1 50
Une Gaillarde ... 1 80
La Mare d'Auteuil ... 1 95
Les Etuvistes ... 2 »
Un Monsieur très-tourmenté ... » 80
La Bouquetière du Château-d'Eau ... 1 60
Paul et son Chien ... 1 80
Madame de Montflanquin ... 1 20
La Demoiselle du cinquième ... 1 60
M. Choublanc ... » 80
Le Petit Isidore ... 1 50
M. Cherami ... 1 30
Une Femme à trois visages ... 1 95
La Famille Braillard ... 1 30
Les Compagnons de la Truffe ... 1 30
L'Ane à M. Martin ... » 50
La Fille aux trois Jupons ... » 70
Les Demoiselles de Magasin ... 1 60
Les Femmes, le Jeu, le Vin ... » 70

Xavier de Montépin

Le Médecin des pauvres ... 1 80
Un Drame d'Amour ... » 70
Les Mystères du Palais-Royal ... 3 »
La Maison Rose ... 1 65
Les Enfers de Paris ... 2 40
La Fille du Meurtrier ... 1 60
Le Marquis d'Espinchal ... 1 30
Les Mystères de l'Inde ... 1 30
La Gitane ... 1 10
Mademoiselle de Kerven ... 1 10
La Reine de la Nuit ... 3 »

Alexandre Dumas.

Les Crimes célèbres, 1 v. illustré ... 4 »

Les Mêmes, par séries :

La marquise de Brinvilliers. — Karl Sand. — Murat. — La Comtesse de Saint-Géran. — Les Cenci ... » 90
Marie Stuart ... » 70
Les Borgia. — La Marquise de Gange ... » 90
Massacres du Midi. — Urbain Grandier ... 1 10
Jeanne de Naples. — Vaninka ... » 70

Jean-Jacques Rousseau.

Emile ... 2 10
La Nouvelle Héloïse ... 2 10

Paul Féval.

Bouche de Fer ... 1 95
Les Drames de la Mort ... 3 15
I. — La Chambre des Amours.
II. — Le Vampire.
L'ouvrage complet, 3 fr. 15 c. — 31 livraisons à 10 c. ou 3 séries à 1 fr. 05 c.

Alboise et Maquet.

Les Prisons de l'Europe ... 3 55

Paul de Couder.

La Tour de Nesle ... 1 50

V. Féréal.

Les Mystères de l'Inquisition ... 2 10

Louis Noir.

Souvenirs d'un Zouave (campagne d'Italie) ... » 90

Albert Blanquet.

Les Amours de d'Artagnan ... 2 70
Les Amazones de la Fronde ... 2 10
Les Belles Dames du Pré-aux-Clercs ... 2 10

Henri de Kock.

L'Amour bossu ... » 80
La Chute d'un petit ... » 60
Le Roman d'une femme pâle ... » 50

Eugène Sue.

Les Mystères de Paris ... 3 75
Le Juif errant ... 3 15
Les Misères des Enfants trouvés ... 4 80
La Famille Jouffroy ... 3 »
L'Institutrice ... » 90
Atar-Gull ... » 70
La Salamandre ... » 90
Le Marquis de Létorière ... » 50
Arthur ... 1 30
Thérèse Dunoyer ... » 90
Deux Histoires ... 1 10
Latréaumont ... 1 10
Comédies sociales ... » 70
Jean Cavalier ... 1 80
La Coucaratcha ... 1 10
Le Commandeur de Malte ... 1 10
Paula Monti ... » 90
Plick et Plok ... » 70
Deleytar ... » 50
Mathilde ... 2 75
Le Morne-au-Diable ... 1 10
La Vigie de Koat-Ven ... 1 30
L'Orgueil (Première partie) ... 1 10
(Deuxième partie) ... » 90
L'Envie ... 1 10
La Colère ... » 70
La Luxure ... » 70
La Paresse ... » 50
L'Avarice ... » 70
La Gourmandise ... » 50
Les Mêmes en un vol ... 6 »
La Marquise d'Alphi ... » 70
La Bonne Aventure (Première partie) ... » 90
— (Deuxième partie) ... » 90
Jean Bart et Louis XIV, magnifique édition illustrée de 125 gravures dans le texte et hors texte. Prix, br ... 9 »
Les Enfants de l'Amour ... 1 10
Les Mémoires d'un mari ... 2 80

Les Mêmes, par séries :

Un Mariage de convenances (Ire série) ... 1 50
Un Mariage d'argent (IIe série) ... » 90
Un Mariage d'inclination (IIIe série) ... » 50
Mademoiselle de Plouermel ... 1 10
Jeanne d'Arc ... 1 30
La Faucille d'or ... }
La Clochette d'airain ... } 1 »
Le Collier de fer ... » 90
La Croix d'argent ... » 70
L'Alouette du casque ... » 90
Les Fils de Famille ... 2 55

Adrien Robert.

Un Bon garçon ... » 70
Le Bouquet de Satan ... » 70
Aventures de Lazarille de Tormes ... 4 50
Contes fantasques et fantastiques ... 9 »

Emmanuel Gonzalès.

Esaü le Lépreux ... 1 10
Le Prince Noir ... 1 10
Les Deux Favorites ... 1 10

Sous presse :

Le Vengeur du Mari ... 1 10

Ainsworth.

Le Bandit de Londres ... 1 10

A. de Bougy.

La Vengeance du bravo ... » 90

Léo Lespès (Thimothée Trimm).

Les Filles de Barrabas ... 2 10

P. Zaccone.

Les Mystères de Bicêtre ... 1 30
Une Haine au bagne ... 3 »
Les Misérables de Londres ... 2 55

Elie Berthet.

Le Cadot de Normandie ... » 90

Jules Beaujoint.

Les Nuits de Paul Niquet ... 1 30

H.-Emile Chevalier.

39 Hommes pour une Femme ... 1 »
Un Drame esclavagiste ... 1 25
Les souterrains de Jully ... » 70

Jules de Saint-Félix.

Le Dernier colonel ... » 70

Charles Didier.

Théola ... » 70

Ponson du Terrail.

Les Drames de Paris (complets) ... 15 90

Les Mêmes, par parties :

L'Héritage mystérieux ... 2 70
Le Club des Valets de Cœur ... 3 75
Les Exploits de Rocambole ... 3 90
La Revanche de Baccarat ... 1 20
Les Chevaliers du Clair de Lune ... 2 10
Le Testament de Grain-de-Sel ... 2 25
La Résurrection de Rocambole ... 5 55
Le même ouvrage se vend aussi en 54 livraisons à 10 centimes ou en 5 séries.
Le Dernier Mot de Rocambole ... 7 50
75 livraisons à 10 cent., ou 7 séries à 1 fr. 05 et 45 cent.
Les Misères de Londres. 1 vol ... 4 20
Le Même, par 4 séries à 1 fr. 05 et 40 livraisons à 10 centimes.
Le Pacte de Sang ... 4 20

Les Mêmes, par séries :

Les Compagnons de l'épée ... 2 »
La Dame au gant noir ... 2 50
L'Armurier de Milan ... 1 10
Les Cavaliers de la nuit ... 2 40
La Jeunesse du roi Henri ... 2 75
Le Serment des quatre valets ... 1 80
La Saint-Barthélemy ... 1 20
La Reine des Barricades ... 2 10
Le Beau Galaor ... 1 60
Une nouvelle édition à 10 centimes la livraison est en cours de publication.
Les Mystères du demi-Monde ... 2 »
Les Nuits de la Maison-Dorée ... 1 10
L'Héritage d'un Comédien ... » 50
Le Diamant du Commandeur ... » 70
Les Masques rouges ... 1 95
Le Page Fleur-de-Mai ... » 75
Les Cosaques à Paris ... 2 70
Le Roi des Bohémiens ... 1 10
La Reine des Gipsies ... 1 10
Mémoires d'un Gendarme ... 1 »
Le Chambrion ... » 70
Le Nouveau Maître d'école ... » 70
Le Grillon du moulin ... 1 »
Dragonne et Mignonne ... » 90

Les Drames du village, 1 vol ... 4 20
1er épisode, Mlle Mignonne ... 1 70
2e épisode, La mère Miracle ... » 70
3e épisode, Le brigadier La Jeunesse ... » 60
4e épisode, Le Secret du Dr Rousselle ... 1 50

Gœthe.

Werther et Faust ... » 90

Pierre Véron.

Le Roman de la Femme à barbe ... » 70

E. Capendu.

Le Chasseur de Panthères ... » 90
L'Hôtel de Niorres ... 2 70

Jacques Arago.

Voyages autour du Monde, Souvenirs d'un Aveugle ... 2 95

Et. Enault et L. Judicis.

Le Vagabond ... 1 10

L'Héritier.

Les Mystères de la vie du monde :
I. Scènes épisodiques et anecdotiques ... » 70
II. Grisons et Grisettes ... » 70

Henri Augu.

Les Français sur le Rhin ... 1 80
Le Tribunal de sang ... » 80

Shakspeare.

Œuvres complètes, traduction nouvelle, par Benjamin Laroche, 2 b. vol. illustrés de 228 gravures sur bois, 57 feuilles de texte. 11 55

E. Marco de Saint-Hilaire.

Les Mémoires d'un page de la Cour impériale ... » 90

Vidocq.

Ses Mémoires écrits par lui-même, 1 volume ... 5 50
Le Même, en 5 séries à 1 fr. 05 cent.

ÉDITIONS DE LUXE :

LES MYSTÈRES DE PARIS

Nouvelle édition entièrement terminée, illustrée d'un grand nombre de dessins de DAUMIER TRAVIÈS, etc., et de 24 grandes Gravures tirées hors texte

Un beau volume in-4. Prix : 5 francs

Le même ouvrage se vend en **46** *livraisons à* 10 c. *ou en* **10** *séries de* 50 c.

LE JUIF ERRANT

Nouv. édition entièrement terminée, illustrée d'un grand nombre de dessins, par GAVARNI et en tout conforme à la splendide édition PAULIN

Un beau volume in-4. Prix : 6 francs

Le même ouvrage se vend en **57** *livraisons à* 10 *cent. ou en* **10** *séries à* 50 *cent. et une à* 75 *cent.*

LES FEMMES DE PAUL DE KOCK

Par MM. LÉON BEAUVALLET et ***

L'ouvrage, complet en 50 livraisons, forme un magnifique Livre-Album, renfermant 50 grands types et 100 vignettes, dessins de GERLIER et de LIX, grav. de DEMARLE, HILDIBRAND, PERRICHON, RENAUD, TRICHON et YON, et se vend 5 francs.

Le même ouvrage se vend en **50** *livr. à* 10 *c. ou en* **5** *séries à* 1 *fr.* 05 *c.*

Il a été publié *simultanément* une édition de luxe (papier vélin de couleur jaune et rose) à **20** c. la livr. et **2** fr. **10** la série de 10 livr.

EN COURS DE PUBLICATION :

MATHILDE

OU

MÉMOIRES D'UNE JEUNE FEMME

Tous les ouvrages de notre fonds sont envoyés *franco* dans toute la France, en échange de leur prix marqué et adressé en timbres-poste ou en un mandat sur la poste, à l'ordre de M. HUILLERY.

Paris. — Typographie de Rouge frères, Dunon et Fresné, rue du Four-Saint-Germain, 43.

www.ingramcontent.com/pod-product-compliance
Ingram Content Group UK Ltd.
Pitfield, Milton Keynes, MK11 3LW, UK
UKHW022143190726
13855UKWH00003B/1320